22/40 .

KT-910-602

1993)

/3

See also:

Nicolas Flamel: His Exposition of
the Hieroglyphicall Figures (1624),
ed. L. Dixon (Garland, 1994)

NICOLAS FLAMEL

Des livres et de l'or

NIGEL WILKINS

NICOLAS FLAMEL

Des livres et de l'or

Ouvrage publié avec le concours
du Centre National des Lettres

AUZAS EDITEURS
IMAGO

© Éditions Imago, 1993
25, rue Beaurepaire, 75010 Paris
Tél. : (1) 42-41-91-90

ISBN 2-902702-77-9

INTRODUCTION

Paris, été 1991. Aucune trace, Square des Innocents, du cimetière jadis hanté par Villon, ni de l'église, ni du portail des *Trois Mors et Trois Vifs* érigé par le duc de Berry en 1408, ni des charniers débordant d'os blanchis et de crânes, ni de la lugubre *Dance Macabre* le long de la rue de la Ferronnerie, ni de la célèbre Arcade ornée de *Figures hiéroglyphiques* par « l'alchimiste » Nicolas Flamel, près de la rue Saint-Denis. Cependant, l'espace correspond : la fontaine, haut symbole de la science secrète, sculptée en trois panneaux à l'angle de la rue Saint-Denis et de la rue aux Fers (devenue rue Berger) par Jean Goujon en 1550, reconstruite en carré avec un panneau supplémentaire en 1788, trône au milieu d'un cimetière fantôme ; on voit même quelques arcades, du côté de la rue de la Ferronnerie, bien que celles-ci hébergent restaurants et boutiques plutôt que cadavres et images. Peut-on considérer dans les « tags », qui ornent quelques façades alentour, une sorte d'équivalent des rouleaux et épitaphes, peintures et sculptures du lointain passé ? Les musiques, parfois exotiques, qui emplissent l'air du soir (et du jour), prennent-elles leur racine, en quelque sorte, dans la « menestraudie » des musiciens venus de la rue des Ménétriers, aujourd'hui disparue sous le quartier de l'Horloge ? La foule bariolée, les filles de la rue Saint-Denis, tout cela reste inchangé depuis le Moyen Age.

Les paroisses Saint-Jacques-de-la-Boucherie et Saint-Merri ont subi moins de modifications, pour l'essentiel, malgré le percement brutal du boulevard de Sébastopol et de la rue de Rivoli ; en suivant l'étroite rue Quincampoix, avec un tout petit peu d'imagination (et en fermant les yeux devant Beaubourg), on peut évoquer les boutiques des orfèvres et des merciers, autour de l'église disparue de Saint-Josse, et au carrefour de la rue Aubry-le-Boucher, les bijoutiers de la partie basse, autrefois rue des Cinq Diamants ; ensuite l'on traverse la rue des Lombards, devant quelques boutiques de changeurs, pour enfin pénétrer dans la rue Marivaux qui, depuis 1857, porte le nom de son riverain le plus notoire, Nicolas Flamel.

Les passants qui fouillent du regard le fond des énormes trous creusés en face de la Tour Saint-Jacques, pour la construction d'un parking souterrain de supermarché (malgré les protestations des résidents), cherchent-ils toujours des secrets, des livres, la « pierre philosophale », des poudres — de l'or — quelque chose, quoi que ce soit qui aurait traversé les siècles, caché dans les fondations de la maison de Flamel, à l'enseigne de la Fleur de Lys ? Si oui, ils perdent leur temps, malgré les fouilles jadis entreprises par « adeptes » et farfelus, car la célèbre demeure, qui était située au coin gauche en bas de la rue, serait au beau milieu de la rue de Rivoli. Quant à la tour, point de repère connu et curiosité touristique, elle fut construite en 1522, hélas bien après la mort de Flamel (1418). Cependant, l'église disparue, plutôt avec clocher qu'avec tour, joua un rôle capital dans sa vie. Toutefois, cet été 1991, dans ce centre du vieux Paris, nous avons eu le rare privilège de voir de nos propres yeux, en attendant la finition des travaux, la surface même de la rue Saint-Martin de l'époque médiévale, là où passait sans doute presque quotidiennement Maître Nicolas, portant des documents, des manuscrits — et son or ?

Comment distinguer la vérité de la légende ? Jusqu'ici tous les livres, toutes les biographies de Nicolas Flamel ont pris comme point de départ le *Livre des figures hiéroglyphiques*, ouvrage apocryphe inventé en 1612. Il en résulta des querelles, qui continueront aussi longtemps qu'il existera des amateurs de « science occulte » : défenseurs résolus de Nicolas Flamel, détenteur du secret du « Grand Œuvre » d'une part, et de l'autre, sceptiques, qui préfèrent rester les pieds sur terre, tout en analysant les données du sujet dans un esprit scientifique moderne.

Ce fut au XVIIᵉ siècle qu'éclata la polémique la plus virulente, suite aux publications de l'abbé Villain sur l'histoire de Saint-Jacques et sur Nicolas Flamel. Villain, qui avait un accès privilégié aux documents et aux archives de l'époque de Flamel, reste le seul (à l'exception de la thèse récente de Gagnon) à avoir fourni des bases solides de recherche et une masse de détails authentiques sur Nicolas et sa femme Pernelle. Il contesta l'authenticité du *Livre*, mais malheureusement il le fit surtout pour des raisons d'ordre moral : le *Livre* alchimique sentait le soufre, et l'abbé ne pouvait envisager une telle atteinte à l'intégrité du caractère du principal bienfaiteur de son église, ce qui se comprend bien dans le contexte de l'époque. Toutefois, sa résistance à l'idée d'un Flamel alchimiste lui valut une attaque ironique, plusieurs attaques même, de la part d'un autre ecclésiastique, Dom Pernety.

Les vues de Pernety retrouvent des échos dans des études plus récentes. Poisson (1893), par exemple : « [...] L'abbé avait une thèse préconçue et les petites raisons s'entassent sous sa plume à perte de vue. Il ne réussit qu'à être ennuyeux[1]. » René Alleau conclut « la polémique stérile qui opposa l'abbé Villain, historiographe du célèbre alchimiste, à Dom Pernety[2] », en écrivant : « Admettons donc, avec le lumineux bon sens des enfants et des sages, que Nicolas Flamel vit *vraiment* un ange qui disparut en laissant des flots d'or sur son sillage puisque *le conte le dit*[3]... » Eugène Canseliet s'élève contre « le fatras indigeste des pièces d'archives accumulé par l'abbé Villain[4] ». En préface à une édition des textes alchimiques présentés par Maxime Préaud, plus ou moins selon des normes modernes, ces observations sont étonnantes.

Le problème fondamental, on le voit, est que ceux qui ont étudié les textes et le « cas » Flamel, en général, sont plus souvent des « alchimistes » eux-mêmes, enthousiastes de pierres philosophales et de transmutations métalliques, que des érudits possédant une solide formation paléographique et bibliographique et surtout une bonne connaissance du Moyen Age. On le sent bien quand Eugène Canseliet, dans son introduction à l'édition de Préaud, sans se gêner le moins du monde, attribue à Flamel la « Prière de l'Alchimiste : *Omnipotens, æterne Deus Pater...* » tiré du *Musaeo Hermetico* de

1678, et qui n'a absolument rien à voir avec le copiste de la paroisse Saint-Jacques. Ou bien lorsque Poisson s'adresse dans sa préface à « notre public spécial ». L'édition la plus récente de textes flameliens, d'E. Flamand (1973), ne tient même pas compte des règles les plus élémentaires pour l'édition de textes anciens : elle modernise l'orthographe sans explication et ne donne aucun renseignement sur ses sources.

Cimetière des Innocents. Deuxième Arcade de Nicolas Flamel (1407). Dessin de Bernier (1786).

Il faut donc fermer les yeux, oublier complètement toutes les données de l'interprétation « chimiste » de la deuxième Arcade de Flamel aux Innocents ; laisser de côté également tous les textes apocryphes alchimistes tels que *Sommaire, Brévière, Laveures, Désir désiré, Grand Esclaircissement*, etc. Par bonheur, une documentation copieuse reste pour éclairer notre chemin.

Nous disposons, en effet, des Actes de Saint-Jacques, si soigneusement recueillis par l'abbé Villain ; des *Testaments* et autres documents personnels de Nicolas et de Pernelle, sa femme, conservés à la Bibliothèque nationale, aux Archives nationales et à la Bibliothèque historique de la Ville de Paris ; de la pierre tombale conservée au musée de Cluny et des monuments et maisons construits par Flamel à Paris, dont la plupart ne nous sont malheureusement connus aujourd'hui que par des descriptions et des dessins postérieurs à sa mort. C'est une situation assez inhabituelle, dans les études médiévales, car une documentation aussi riche existe rarement pour des gens « ordinaires », qui n'appartiennent pas à la noblesse, même quand il s'agit des plus grands de la littérature.

Nous voici, par conséquent, relativement bien placé pour tenter de voir enfin plus clair dans le « cas Flamel ». Nous nous risquerons ensuite dans le labyrinthe des manuscrits alchimiques attribués à Nicolas Flamel. Et pour conclure, nous retracerons les étapes de la constitution d'une légende qui, malgré le temps et les modifications des lieux, reste curieusement attachée aux vieilles pierres d'un quartier de Paris.

NOTES

1. A. Poisson, *Nicolas Flamel : sa Vie, ses Fondations, ses Œuvres,* suivi de la réimpression du *Livre des figures hiéroglyphiques* et de la Lettre de Dom Pernety à l'abbé Villain, Paris, 1893, p. 42.
2. M. Préaud, *Nicolas Flamel : le Livre des Figures hiéroglyphiques,* précédés d'un avant-propos de René Alleau et d'une étude historique par Eugène Canseliet, Paris, 1970, p. 22.
3. *Ibid.,* pp. 23-24.
4. *Ibid.,* p. 27.

Chapitre I

DE PARIS

« Et Quiquenpoit que j'ai moult chier,
La rue Auberi le Bouchier,
Et puis la Conreerie aussi,
La rue Amauri de Roussi,
Encontre Troussevache chiet,
Que Diex gart qu'il ne nous meschiet
En la rue du Vin le Roy,
Dieu grace ou n'a point de desroy ;
En la Viez Monnoie par sens
M'en ving aussi par asens.
Au desus d'iluec un petit
Trouvai le Grand et le petit
Marivaux, si comme il me semble... »

(Guillot de Paris, *Dits des rues de Paris.*)

C'est rive droite, dans une zone assez limitée devant son église Saint-Jacques-de-la-Boucherie, que se déroula l'existence de Nicolas Flamel.

Il naquit peut-être à Pontoise, plutôt aux environs de 1340 que de 1330, date généralement suggérée dans les études antérieures ; il aurait donc atteint l'âge de soixante-dix-huit ans, bien au-delà de la moyenne pour l'époque, quand il mourut en 1418, ou « 22 mars avant Pâques 1417 », comme on le disait autrefois. Nous savons par le *don mutuel* de leurs biens, en 1372, entre Nicolas et sa femme Pernelle, qu'ils étaient mariés depuis peu de temps. En 1370, il aurait eu trente ans, assez âgé pour s'imposer dans son métier et pour attirer l'attention d'une dame déjà deux fois veuve. Pernelle devait être plus âgée que lui ; elle mourut en 1397, vingt-et-un ans avant son mari, après environ vingt-neuf ans de mariage.

Saint-Jacques-de-la-Boucherie et la Maison de Flamel.
Plan « de Bâle » (1550).

Sans doute Nicolas se déplaçait un peu dans Paris : vers la Sorbonne pour acheter du parchemin dans la rue de la Parcheminerie et pour livrer textes et documents nouvellement copiés et reliés ; vers d'autres églises avec lesquelles il avait des rapports, telles que Sainte-Geneviève-des-Ardents ou Saint-

Saint-Jacques-de-la-Boucherie et la Maison de Flamel.
Plan de Turgot (1734-1739).

Nicolas-des-Champs ; vers le Cimetière des Innocents, lieu de repos de plusieurs d'entre ses amis et connaissances, éventuellement de sa femme, et où il devait faire sculpter et peindre ses célèbres Arcades en 1389 et en 1407 ; vers d'autres maisons qu'il possédait ou dont il percevait des rentes ; à plusieurs reprises, il en construisit ou en restaura pour héberger les moins favorisés. Il se déplaçait parfois aussi, autour de Paris avant que cela ne devînt trop dangereux au début du XVᵉ siècle, pour gérer quelques propriétés aux alentours, à Neuilly, apparemment, comme à Nanterre, à la Villette, et à Aubervilliers. Deux fois dans sa vie, il voyagea peut-être loin de Paris : à Boulogne-sur-Mer, important lieu de pèlerinage et sans doute lieu de naissance de sa femme ; à Compostelle, en Espagne, dont une des principales routes de pèlerinage partait de Saint-Jacques, devant la porte même de l'écrivain. Il est parfaitement possible, cependant, qu'il ne quittât jamais la région parisienne. Tout ce que l'on a écrit dans le passé sur ces voyages est, d'après les documents que nous possédons, purement imaginaire.

Entre cette église et sa maison, au coin de la rue Marivaus, passait la rue des Escrivains, aujourd'hui remplacée par la rue de Rivoli, qui couvre aussi l'espace occupé autrefois par le bâtiment principal de l'église. Autrement dit, la rue était très étroite, comme la plupart des rues du vieux Paris.

Saint-Jacques-de-la-Boucherie. Dessin de Garnarey, 1784.

A cette époque, dans chaque rue habitaient des gens de même métier — ménestrels, orfèvres, tisserands, changeurs — il est donc tout naturel que Nicolas, copiste-libraire, se soit installé là où venaient les clients qui désiraient faire copier des actes, des inventaires, des testaments, des lettres, et toutes sortes de documents, à une époque où les juristes jouaient un rôle de plus en plus important dans la vie de la capitale. Il faut se rappeler que la grande majorité des citoyens ne savaient ni lire ni écrire ; l'écrivain public était donc indispensable pour leur servir de secrétaire. Nicolas commença peut-être ainsi ; la proximité du Châtelet et du Palais assurait une abondante clientèle, sans parler de l'Université, bien que là-bas, rive gauche, il existât aussi une autre rue des Escrivains, concurrente. Plus tard, peut-être après un apprentissage, comme nous le verrons au chapitre IV, il devint libraire-juré de l'Université. Il sut aussi établir un atelier spécialisé dans la création de manuscrits enluminés de grand luxe, s'attirant ainsi une clientèle aisée. Des rapports commerciaux surtout probablement avec Jean, duc de Berry, expliquent son succès et son renom. Des placements astucieux sur le marché de l'immobilier, sage précaution dans un temps extrêmement troublé, plus l'apport de sa femme déjà deux fois veuve, firent de lui un des hommes les plus riches de sa paroisse, un notable « bourgeois de Paris », ce qui était alors une marque de distinction :

> « Il y avoit de grands avantages à être bourgeois de Paris, et surtout à faire partie de la corporation des marchands. Indépendamment des privilèges commerciaux, il s'étoit établi des coutumes civiles, avantageuses pour la communauté et l'on conçoit que les bourgeois étoient fiers de leur qualité[1]. »

Par sa qualité de « clerc », due à son état de libraire-juré, Nicolas faisait partie d'une classe plus privilégiée encore que celle des marchands ordinaires.

Ceux qui dressent une image de l'immense fortune de Flamel, se basant sur la longue liste des maisons qu'il possédait, ou dont il percevait des rentes, oublient le fond historique de l'époque et l'effet sur les valeurs, immobilières ou autres, des ravages des guerres. En effet, la vie de Nicolas Flamel se déroula tout entière sur fond de « Guerre de Cent Ans »

entre la France et l'Angleterre. Une grande dépression éco-
nomique, commencée vers 1330, dura bien au-delà de sa mort.
Il ne connut jamais la paix, seulement quelques trêves de
courte durée. Dans sa jeunesse, comme Pernelle, il eut le bonheur de survivre à la décimation de la population par la peste
de 1348 ; d'autres épidémies frappèrent périodiquement, empê-
chant toute reprise démographique — la coqueluche, par exemple, en 1414. Ce fut peut-être à la suite d'épidémies que Pernelle perdit ses deux premiers maris. Dans sa jeunesse, Nicolas
apprit les défaites catastrophiques des armées françaises à Crécy
en 1346, à Poitiers en 1356 ; trois ans avant sa mort, ce fut
la déroute totale d'Azincourt, en 1415. Il ne survécut pas pour
voir le honteux traité de Troyes de 1420, qui abandonna aux
Anglais la couronne de France, ni la mort de Charles VI « le
Fou», ni la régence du duc de Bedford à Paris, ni le triomphe de Jeanne d'Arc ensuite trahie, ni le couronnement de
Charles VII à Reims, en 1429.

Les citoyens de Paris assistèrent aux Entrées royales, aux
processions, aux cortèges, aux discours, aux messes. Sous
Jean II et Charles V (le roi sage, grand bibliophile), ils purent
mener une vie relativement stable et furent mieux protégés
que leurs parents et confrères hors les murs et dans d'autres
régions, harcelées et ravagées continuellement par les armées,
aussi bien françaises qu'étrangères, et par le fléau des « grandes compagnies ».

Après 1380, Paris témoigna de toutes sortes d'excès et de
« décadence » : les ducs de Bourgogne et de Berry surtout,
oncles du jeune roi Charles VI (qui, en 1392, devint fou),
se disputèrent le pouvoir ; ils se méfièrent aussi des ambitions
du frère cadet du roi, Louis d'Orléans. Les « fastes du gothique », les dépenses effrénées des nobles, comme dans un dernier sursaut pour garder l'illusion d'un monde chevaleresque
déjà périmé, contrastèrent fort avec la pauvreté et la déchéance
presque totales du peuple et du pays. Pour les Parisiens, même
la protection des murs disparut, surtout après l'assassinat, en
1407, de Louis d'Orléans, par ordre de Jean sans Peur, duc
de Bourgogne. Paris devint alors le champ de bataille d'une
lutte meurtrière : une véritable guerre civile se déchaîna entre
Bourguignons et Armagnacs, parallèlement à la guerre contre

les Anglais. Les Bourguignons, dans leurs efforts pour arriver au pouvoir, s'allièrent même avec les Anglais contre les intérêts de la couronne et de la nation. En 1422, dans son *Quadrilogue Invectif*, Alain Chartier prêcha l'unité nationale comme seul moyen de vaincre l'ennemi. On trouve les mêmes préoccupations dans *Le Livre de la Paix* de Christine de Pisan.

On peut suivre, dans les pages des *Chroniques* de l'époque, le déroulement des principaux événements ; la fraîcheur et la vigueur du style, surtout de Froissart et de Monstrelet, nous transportent directement dans l'atmosphère brillante, mais parfois terrifiante, du temps de Nicolas Flamel. Flamel participa certainement, par exemple, à la célèbre Entrée à Paris de la reine, Isabeau de Bavière, en 1389. Tous les bourgeois de Paris, vêtus de rouge, l'accompagnèrent le long de la rue Saint-Denis, alors route royale menant directement de la basilique vers Notre-Dame, au cœur de Paris.

Pour les événements strictement parisiens des années suivant 1407, et correspondant à la fin de la vie de Nicolas, nous pouvons consulter le carnet tenu presque journellement par un autre « bourgeois de Paris », qui était en effet clerc de l'Université, probablement docteur en théologie[2]. Malgré sa préférence pour le parti bourguignon, il nous rapporte, de façon directe et vivante, des centaines de détails concernant directement l'existence des citoyens, et donc de Nicolas. On peut imaginer que Nicolas, à l'encontre du Bourgeois, aurait été plutôt partisan du duc de Berry. La population était ainsi divisée intérieurement ; les uns se vengeaient sur les autres selon les tours de la roue de Fortune. Certainement, il valait mieux rester discret sur ses préférences politiques, soutenir, au moins en apparence, le parti au pouvoir, ne jamais critiquer. En cela, l'atmosphère opprimante du Paris de cette époque peut être comparée à celle imposée par certains régimes totalitaires de nos jours. En 1413, selon le Bourgeois, même de petits enfants furent « foulés en la boue et navrés vilainement » pour avoir chanté dans la rue une chanson pro-bourguignonne qu'ils avaient apprise avant le changement de pouvoir.

Le gouvernement Orléans de 1407-1408 fut suivi par un gouvernement bourguignon jusqu'en 1413, celui-ci fut remplacé par un gouvernement armagnac jusqu'en 1418, suivi par un retour des Bourguignons avec leurs alliés anglais. En 1411, les Armagnacs, y compris le duc de Berry, furent excommuniés « devant le peuple » à Notre-Dame ; en 1414, au son de trompettes, aux carrefours, « fut crié ledit de Bourgogne [...], banni comme faux traître, murdrier, lui et tous les siens ». Quel que fût le parti au pouvoir, il fallut constamment défendre Paris contre les adversaires.

A maintes reprises, les portes de la ville furent « murées de plâtre », et l'on changea toutes les serrures et clefs. Les chaînes, qui traditionnellement barraient les rues la nuit, symbole de liberté pour le peuple, furent périodiquement confisquées ou remplacées, nécessitant chaque fois un travail intensif de la part des maréchaux-ferrants. Partout, en 1408, on fut obligé de mettre « des lanternes à bas les rues et de l'eau aux huis », une mesure contre les incendies qui pourraient résulter de l'éclairage inhabituel des rues, la nuit. On peut bien imaginer l'atmosphère de siège, en 1410, quand Pierre des Essarts, prévôt de Paris :

> « [...] toute nuit et tout jour [...] alloit parmi la ville [...],
> tout armé, lui et grand foison de gens d'armes, et faisoit faire
> aux gens de Paris toutes les nuits le plus bel guet qu'ils
> pouvoient[3]... »

En novembre 1415, trois semaines après la grande défaite d'Azincourt, Jean sans Peur s'approcha de nouveau de Paris, espérant profiter de la faiblesse de l'administration. Encore une fois les portes furent murées, et les habitants des quartiers du Temple et Saint-Martin furent obligés d'héberger les forces assiégées :

> « [...] et furent les ruelles [...] prises desdits capitaines ou
> de leurs gens, et les pauvres gens boutés hors de leurs mai-
> sons, et a grandes prières et a grand peine avoient ils le cou-
> vert de leur hostel, et cette larronaille couchait dans leurs
> lits[4]... »

En avril et en mai 1416, quelques bourgeois de Paris regroupés dans un complot anti-armagnac furent dénoncés, emprisonnés, décapités. Toute assemblée fut interdite, même les noces, sans l'autorisation du prévôt de Paris. Même si l'on recevait l'autorisation, il fallait payer, à ses propres frais, la présence d'espions officiels («certains commissaires et sergents») pour empêcher les participants de «murmurer» contre le gouvernement ! L'atmosphère de répression dut être épouvantable :

> «[...] que nul ne fust si hardi d'avoir a sa fenestre coffre ni pot, ni hotte, ni coste en jardin, ni bouteille a vin aigre a sa fenestre qui fust sur rue, sur peine de perdre corps et biens, ni que nul ne se baignast en la riviere sur peine d'estre pendu par la gorge »[5].

En 1417, encore :

> «[...] et n'osait nul parler du duc de Bourgogne, qu'il ne fust en péril de perdre le corps et le chevance, ou d'estre banni[6].»

Partout dans les rues, des espions guettaient ; Nicolas dut bien se garder de parler à quiconque. Mieux valait rester à l'atelier à surveiller la préparation de beaux livres :

> «Et par toutes les rues de Paris avait espies, qui estoient residants et demeurants a Paris, qui leurs propres voisins faisoient prendre et emprisonner ; et nul homme, après ce qu'ils estoient pris, n'en osoit parler aucunement, qu'il ne fust en peril de sa chevance ou de sa vie[7].»

En 1412, quand le roi était «en la terre de ses ennemis», comme l'exprime le Bourgeois, pendant plus de trois semaines, les Parisiens, selon leur état et paroisse, furent obligés de participer à des processions religieuses pour prier pour sa victoire :

> «[...] ceux du Palais de Paris, les ordres mendiants et autres, tous nu-pieds, portant plusieurs saintuaires moult dignes ; portant la vraie Croix du Palais, ceux du Parlement ; de quelque estat qu'ils fussent tous deux par deux, quelques 30 000 personnes après eux, tous nu-pieds[8].»

Nicolas dut certainement participer, en sa qualité de libraire-juré de l'Université, aux manifestations du 4 juin :

« [...] toute l'Université, de quelque estat qu'il fust, sur peine de privation, fust a la procession, et les petits enfants des escoles, tous nu-pieds, chacun un cierge allumé en sa main, aussi bien le plus grand que le plus petit [...] portant tant de saintes reliques sans nombre[9]... »

Aux Halles, tout près du cimetière des Innocents, à seulement cinq minutes de marche de chez Nicolas, on vit souvent des punitions et des exécutions horribles. La plupart du temps, la victime avait pour seule faute d'être haut placée et du mauvais parti ; les régimes supprimaient simplement leurs adversaires politiques. En 1409, par exemple, le 17 octobre, ce fut Jean de Montaigu, grand maître d'hôtel du roi de France :

« [...] jeudi fut le dessusdit grand maistre d'hostel mis en une charrette, vestu de sa livrée, d'une houppelande de blanc et de rouge, et chapperon de mesme, une chausse rouge et l'autre blanche, des esperons dorés, les mains liées devant, une croix de bois entre ses mains, haut assis en une charrette, deux trompettes devant lui, et en cet estat mené aux Halles. Là on lui coupa la teste, et après fut porté le corps au gibet de Paris, et pendu au plus haut, en chemise, a toutes ses chausses et esperons dorés[10]... »

On voit ici que la cruauté de cette punition, hélas tout à fait typique, va bien au-delà de la décapitation : honte en public, pendaison infamante. Encore pire, peut-être, fut le sort de Jacques de la Rivière, chevalier armagnac, en 1413 :

« [...] fut mené messire Jacques de la Rivière, chevalier, et Simmonet, Petit-Menil, escuyer ; eux deux furent pris au Palais du roi, et de là traisnés ès Halles de Paris, c'est à savoir Jacques de la Riviere, car il estoit mort et s'estoit tué d'une pinte pleine de vin, dont il s'estoit feru sur la teste si grand coup qu'il se cassa la teste et la cervelle. Et ledit Simmonet fust traisné jusqu'à la Heaumerie et là mis en la charrette sur un aiz assis, une croix en sa main, le mort traisné jusque ès Halles, et là eurent les testes coupées... »

Des scènes brutales de ce genre marquèrent l'époque ; tout citoyen de Paris dut en être profondément impressionné.

En plus des souffrances infligées par les guerres, les épidémies et les exécutions, il fallait tolérer des conditions climatiques parfois extrêmement difficiles. En 1409, par exemple, à la mi-août, il y eut un coup de tonnerre épouvantable vers six heures du matin :

> « [...] qu'une image de Notre-Dame, qui estoit sur le moustier de Saint-Ladre, de forte pierre et toute neuve, fut du tonnerre tempestée et rompue par le milieu, et portée bien loin de là[11]... »

En 1411, le 29 juin au soir, il « gresla, venta, tonna », avec des éclairs, plus sévèrement que de mémoire de vivant. En 1418, le jour de Pâques, il neigea aussi fort qu'à Noël. La Seine joua comme toujours un rôle capital dans la vie des Parisiens : en 1410, la rivière était extraordinairement « petite » ; en mars et avril 1415, par contre, le ravitaillement de Paris fut perturbé par de grandes inondations, ce qui causa une hausse des prix, surtout des produits pondéreux transportés par eau, comme le bois et le charbon.

Sortir de la ville était fatal ; on était sûr d'être attaqué par ceux de l'extérieur, quel que fût son parti. Rester en ville était presque aussi impossible, à cause de l'imposition interminable de nouvelles taxes pour payer la guerre et la défense de Paris :

> « [...] les grands s'entre-haïssoient, les moyens estoient grevés par subsides, les pauvres ne trouvoient ou gagner... »

En mai 1417, on leva une taxe écrasante pour tout le monde sans exception, même pour les clercs ; inutile pour Nicolas de plaider pour son état de libraire-juré ! Officiellement ce fut pour curer les rues ; cependant, selon le Bourgeois, plus de la moitié des revenus ainsi recueillis entra dans les coffres du gouvernement :

> « [...] commencerent lez gens de Paris, c'est a savoir, de quelque estat qu'ils fussent, prestres ou clercs ou autres, a curer les voiries ou a faire curer a leur argent ; et fut cette cueillette si aspre qu'il fallait que chacun, de quelque estat qu'il fust, de cinq jours en cinq jours en baillast argent, et quand on payait pour cent on n'y mettait mie .xl., et avoient les gouverneurs le remenant[12]. »

Seulement quelques mois plus tard, en octobre, on fit une
« grosse taille de sel », c'est-à-dire que chaque habitant fut
obligé d'acheter une certaine quantité de sel à un prix élevé ;
les gens de quelque « renommée », parmi lesquels nous pouvons certainement compter Nicolas, durent en acheter plus
que les autres. Si l'on refusait, c'était alors l'obligation d'héberger des soldats, autrement, d'être mis en prison.
Naturellement, dans de telles conditions, le prix des den-
rées subit des fluctuations considérables. En 1410, pendant
plus d'un mois, la farine coûta trois fois son prix ordinaire ;
personne n'osa sortir de la ville pour faire les vendanges, et
il fallait envoyer des « gens d'armes par eau ou par terre »
pour chercher le pain. En 1414, les marchands, qui transpor-
taient des vivres à Paris, trouvèrent les portes fermées ; pendant deux semaines, personne n'osa plus les ouvrir, par crainte
des forces armées du duc de Bourgogne, qui assiégeaient la
ville. En 1415, le prix du pain et du vin doubla ; fromages
et œufs devinrent si chers qu'il était devenu presque impossible de les acheter. L'année suivante, le prix du pain fut pra-
tiquement multiplié par quatre.
Malgré toutes ces misères, le peuple se vit obligé de faire
bonne chère et de participer à des cortèges extravagants. Du
roi, par exemple, en 1409 :

> « [...] tous les sergents, comme du guet, ceux de la mar-
> chandise, ceux a cheval, ceux a verge, ceux de la Douzaine
> avoient diverses livrées toutes especialement de chaperons,
> et tous les bourgeois allerent a l'encontre de lui. Devant lui
> avoit .xii. trompettes et grande foison de menestrels, et par-
> tout ou il passait, on criait tres joyeusement : Noël ! et jetait
> on violettes et fleurs sur lui, et au soir soupaient les gens
> emmi les rues par tres joyeuse chere, et firent feux tout par-
> tout Paris, et bassinaient de bassins tout parmi Paris[13]. »

Nicolas dut certainement participer à cet événement, sans
doute sans jouer de la casserole ! En février 1415, on vit même
jouter le roi et les grands seigneurs dans la rue Saint-Antoine,
à l'occasion des fêtes données pour la réception d'une ambas-
sade anglaise. En mars 1416, l'empereur Sigesmund de Luxembourg, roi de Hongrie, fut logé au Louvre :

« [...] furent envoyées semondre les demoiselles de Paris et des bourgeoises les plus honnestes, et leur donna a disner en l'hostel de Bourbon [...] et a chacune aucun joyel[14]... »

Cette soirée vint malheureusement bien trop tard pour Pernelle !

NOTES

1. G.-B. Depping, *Dissertation sur l'état de l'industrie et du commerce de Paris au XIIIe siècle*..., Paris, 1837, p. 20.

2. *Le Journal d'un Bourgeois de Paris de 1405 à 1449*, éd. C. Beaune, Paris, 1990.

3. *Ibid.*, p. 35.

4. *Ibid.*, p. 89.

5. *Ibid.*, p. 95.

6. *Ibid.*, p. 97.

7. *Ibid.*, p. 99.

8. *Ibid.*, p. 47.

9. *Ibid.*, p. 48.

10. *Ibid.*, p. 34.

11. *Ibid.*, p. 33.

12. *Ibid.*, p. 98.

13. *Ibid.*, p. 32.

14. *Ibid.*, p. 92.

Chapitre II

DE NICOLAS ET DE PERNELLE

« Il devait jouir d'une belle aisance. »

(Dictionnaire de biographie française,
col. 1452-1453.)

Le *Testament* de Nicolas Flamel, celui de Pernelle, le legs mutuel qu'ils se firent de leurs biens, les disputes et procédures entamées par leurs héritiers mécontents, tous les documents des archives, répertoriés par l'abbé Villain, nous en disent long sur la situation matérielle de notre copiste-libraire.

Le 7 avril 1372, le couple fit dresser devant notaire un acte de legs mutuel « a cause des grands et agreables services que l'un apporte à l'autre, depuis la celebration de leur mariage et porte a present ». Si nous acceptons qu'ils étaient mariés depuis environ deux ans, il est évident que, dans la vie conjugale comme dans les affaires, Nicolas connut le bonheur. Comme l'explique l'abbé Villain :

> « Pernelle étoit d'un certain âge. Le mari et la femme, unis depuis plusieurs années, ne se voyaient point d'enfants : ils penserent donc à s'assurer l'un à l'autre, non seulement le bien qu'ils avoient déjà acquis dans leur communauté, & celui qu'ils esperoient acquerir *au plaisir de Dieu par leur bonne diligence*, mais encore celui qu'ils avoient acquis avant leur mariage[1]. »

Le 10 septembre 1386, cet acte fut renouvelé, avec la mention additionnelle « [...] que par longtemps ils ont fait l'un a l'autre » ; à une époque, dominée par la mort, seize ans de bonheur devaient être assez exceptionnels. Cette fois, de plus, on remarque une évolution dans la pensée du couple, car le survivant donne tous les biens de son conjoint décédé « aux Églises, aux pauvres, aux personnes misérables ». Nous y voyons ainsi une première démonstration de leur volonté de faire œuvre de charité, trois ans avant la construction des premiers monuments à Saint-Jacques et au cimetière des Innocents.

Nicolas Flamel Ecrivain, Libraire Juré en l'Université de Paris, mort en 1418.

Nicolas Flamel. D'après sa statue au Portail de l'église de Saint-Jacques-de-la-Boucherie.

Cependant, nous pouvons nous demander en passant pourquoi Nicolas trouva important de s'assurer la succession de sa femme, s'il avait déjà réalisé le « Grand Œuvre », comme nous l'assurent les « alchimistes », et s'il possédait de surcroît le secret de la fabrication de fonds illimité d'argent et d'or.

En effet, les précautions prises par Nicolas et par Pernelle
furent inspirées, en grande partie, par leur désir de protéger
leur patrimoine contre des revendications possibles de la part
de la sœur de Pernelle et de sa famille. Cette sœur, nommée
Isabelle, était mariée à un tavernier ou marchand de vin
nommé Jean Perrier. Isabelle avait trois enfants d'un premier
mariage avec un Guillaume Lucas : Guillaume, Oudin, Colin.
Nicolas Flamel eut donc ces trois neveux qui, par leur mère,
devaient hériter de droit de leur tante Pernelle. Le legs mutuel
entre Nicolas et Pernelle, conçu pour empêcher cette succession, dut naturellement déplaire à la famille d'Isabelle. Il est
clair que ceux-ci manifestèrent leur mécontentement, car Nicolas et Pernelle trouvèrent nécessaire de renouveler une troisième fois leur accord, le 18 septembre 1388. Ils insistèrent
encore plus vigoureusement sur le caractère définitif de leur
volonté :

> « [...] la quelle grace mutuelle les dits mariés vouldrent
> valoir joir & avoir son plein effet dès maintenant sans la
> jamais revoquer se toutes voyes d'un commun accort, & ils
> ne la vouldrent rappeller ensemble & estre nulle. [...] Et
> renoncerent iceux mariés expressement par leurs sermens fais,
> & jurés aus sains Evangiles de Dieu, & par la foy de leur
> corps pour ce donné ès mains des dicts Notaires a toutes
> exceptions, graces, lettres, dispenses & impetrations ; & a tout
> ce qu'on peut dire, proposer, ou alleguer & qui aidier & valoir
> pouroit a venir faire ou dire contre ces lettres... »

Malgré toutes ces précautions, il est clair que la famille
d'Isabelle, qui dut être renseignée sur ces dispositions, conti-
nua à exprimer son mécontentement. On assiste à un véritable drame de famille. Après huit années de discussion et
d'âpres débats, la volonté de Pernelle chancelait peut-être à
tel point que Nicolas fit ratifier une troisième fois l'accord
de legs mutuel, le 5 août 1396. Cette ratification consista en
deux documents presque identiques, l'un de Nicolas, l'autre
de Pernelle. Nous y lisons que Pernelle :

> « [...] loa, grea, ratiffia & approuva toutes & chascunes les
> ordonnances, promesses, accors, graces mutueles, dons, aumos-
> nes, transports et autres choses qui peuvent avoir été faites

& passées, entre elle et son dict mari, en quelque maniere que ce soit selon leur forme & teneur, sans rien excepter. Et icelles choses, graces mutuels ou autres ordonnances, volt des maintenant pour lors, & des lors pour maintenant estre tenues & accomplies, sans aler ou faire dire au contraire, par voye de testament de derniere voulenté, ne autrement [...] en deboutant & voulant estre deboutés, tous heritiers & autres qui vouldroient aler au contraire. [...] Non obstant droits, coustumes, ne autres choses a ce contraire. Mesmement que a ce avoir fait se tient moult tenue en conscience pour certaines causes... »

Un an plus tard, Pernelle tomba gravement malade. Profitant vraisemblablement d'une absence de Nicolas et de l'état de faiblesse de sa sœur, Isabelle réussit, le 25 août 1397, à lui faire réviser une disposition testamentaire qui va complètement à l'encontre de tout ce qui avait été convenu jusqu'alors. Nicolas n'est pas nommé exécuteur, comme on pourrait s'y attendre. Au contraire, Pernelle ne le nomme que pour déclarer qu'elle :

« [...] rappelle et revoque toutes les lettres tant mutueles de don esgal comme autres [...] passées à Nicolas Flamel son mari et avecques lui. [...] »

Les enfants d'Isabelle furent naturellement mentionnés dans ce testament. On y trouve des dispositions intéressantes, telles qu'un paiement de quatre livres pour qu'un « homme pelerin de pié » — pèlerin professionnel, paraît-il — aille à Notre-Dame-de-Boulogne-sur-Mer pour y offrir un cierge et faire chanter des messes. Elle laisse de petites sommes, par exemple, à un Martin, qui distribuait l'eau bénite à Saint-Jacques, à cinq pauvres qui demandaient l'aumône au portail, à Mengin jeune clerc, son valet, à Gautier, son autre valet. Sa garderobe est divisée entre servantes, amies et pauvres : « Une cote vermeille de marbre et un chapperon, que elle mestoit chascun jour », à Jehanette la Paquote ; « son meilleur chapperon », à Jehanette Lalarge ; « son autre chapperon de violet », à Jehanette la Flaminge, « chandellière de cire » à Saint-Jacques ; « cinq siens coursés fourrés de blanc », à cinq pauvres personnes. On trouve également, dans ce testament de Pernelle, mention d'un cousin, Guillaume de Laigny, de son premier mari, Jehan Hanigues, et de son second mari, Raoul Lethas.

Nicolas Flamel. *Portrait de la collection Roth Scholtz.*
(Fin XVI siècle).

Nicolas, bien entendu, réagit rapidement, dès qu'il apprit ce qui s'était passé. Dix jours plus tard, le 4 septembre 1397, Pernelle, « infirme de corps », mais cependant « saine de pensée & d'entendement », dicta un codicille qui, en substance, réaffirme l'accord original du legs mutuel. Toutefois, elle accorda à sa sœur un seul paiement de 300 livres après règlement de ses affaires. Nicolas, « son cher & bon ami, compagnon & mari », est cette fois mentionné parmi les exécuteurs. Une semaine plus tard, le 11 septembre 1397, Pernelle mourut.

Comme on peut l'imaginer, ce drame de dernière minute provoqua une grande querelle. Plusieurs procès s'ensuivirent devant différents tribunaux. Nous apprenons des archives rapportées par l'abbé Villain que : « [...] la matière etoit moult contentieuse entre la dite heritiere et ses executeurs » ; on fit enregistrer toutes les « vieilles obligations de dettes expirées & payées, escrites ès vieils papiers dudit Nicolas ». On fit l'inventaire des biens de la succession de Pernelle ; un huissier du Parlement arriva même pour en faire la saisie. Nicolas dut passer plusieurs semaines éprouvantes, en plein deuil de sa femme qu'il avait beaucoup aimée. Finalement il triompha. Par sentence du Châtelet du 30 novembre 1397, la validité du legs mutuel fut réaffirmée : « [...] le dit don vaudra & tiendra, & d'icelui le dit Nicolas joira pleinement durant sa vie. »

Pour garder une vision juste, surtout devant les descriptions exagérées du caractère exceptionnel de la fortune de Nicolas, il est utile de faire une comparaison entre sa demeure relativement modeste et d'autres grandes maisons bourgeoises. La fortune de Flamel n'était pas tellement exceptionnelle. D'autres bourgeois et contemporains, même de sa connaissance, en eurent autant, sinon plus. Guillebert de Metz, par exemple, dans sa description de Paris, nous raconte une visite dans une maison particulièrement cossue, l'hôtel de Maistre Jacques Duchié, rue des Prouvelles [Prouvaires] :

> « Le porte duquel est entaillie de art merveilleux ; en la court estoient paons et divers oyseaux a plaisance. La premiere salle est embellie de divers tableaux et escriptures d'enseignemens, atachiés et pendus aux parois. [...] Une autre salle estoit garnie de jeux d'eschez, de tables, et d'autres diverses manieres de jeu, a grand nombre. Item une belle chapelle ou il avoit des pulpitres à mettre livre dessus, de merveilleux art, lesquelx on faisoit venir à divers sieges loings et près, a destre et a senestre. Item ung estude ou les parois estoient couvers de pieres precieuses et d'espices de souefve oudeur. Item une chambre ou estoient foureures de pluseurs manieres. Item pluseurs autres chambres richement adoubez de lits, de tables, engigneusement entaillies, et parés de riches draps et tapis a orfrais. [...] Et par dessus les pignaches de l'ostel estoient belles ymages dorées[2]... »

Guillebert de Metz parle aussi du « bel hostel de Bureau

Dampmartin en la Courarie » ; il s'agissait du fils de Simon Dampmartin, changeur et bourgeois de Paris, valet de chambre du roi Charles VI. Nicolas dut le connaître, car ils étaient tous deux de la paroisse Saint-Jacques. Son épitaphe se lisait sur une lame de cuivre dans une chapelle de l'église ; il y était représenté avec sa femme, selon l'usage du temps, tout comme Nicolas et Pernelle sur le portail de la même église.

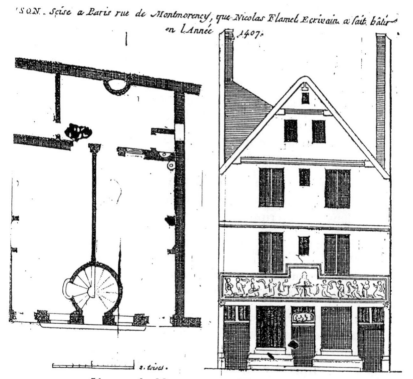

51, rue de Montmorency. Plan et façade.

Grâce aux descriptions de l'abbé Villain, nous savons que la façade de la maison principale de Nicolas Flamel, à l'angle de la rue Marivaus et de la rue des Escrivains, fut décorée de gravures et d'inscriptions. Il est évident que Nicolas prit un énorme plaisir à imaginer et à faire figurer images et légendes sur des monuments et des maisons ; en fait, il suivit simplement les conventions de son temps ; cependant, son contact professionnel avec lettrines, enluminures, dessins et écritures de toutes sortes, dut influencer son choix et il alla au-delà du commun. Selon l'abbé Villain, sur la façade de sa maison :

> « Flamel y est représenté à genoux avec deux jeunes gens derrière lui, peut-être des enfans qu'il avoit alors. On voit aussi la Vierge et saint Jean assis comme sur le calvaire ; il y avoit peut-être autrefois une croix ; on lit en effet au-dessous d'une corniche ces paroles tirées des *Lamentations : Mes amis, qui passez la voie, regardez s'il est douleur pareille a la mienne.* Au bas du pilier est un saint Christophe ; il est à croire qu'il étoit accompagné d'un saint Jacques, patron de la paroisse. Parmi ces inscriptions dévotes qui sont à cette maison, on lit celle-ci :
>
> *Chacun soit content de ses biens,*
> *Qui n'a souffisance il n'a riens.*
>
> inscription qui se trouvait également au Palais, près de la statue d'Enguerrand de Marigny. »

Même de son vivant, Nicolas fut connu, non seulement comme fortuné, mais aussi comme bienfaiteur. Guillebert de Metz, dans sa description de Paris (1434), le décrit ainsi :

> « Flamel l'aisné, escripvain qui faisoit tant d'aumosnes et d'hospitalitez et fit pluseurs maisons ou gens de mestier demeuroient en bas et du loyer qu'ilz paoient, estoient soutenus povres laboureurs en halt. »

Il fit construire ou restaurer certaines maisons dans le seul but d'héberger des pauvres, à une époque où les quatre fléaux des cavaliers de l'Apocalypse, la guerre, la peste, la famine et la mort affligeaient sans répit les Parisiens.

La plus connue de ces maisons est celle du 51, rue de Montmorency, à moins de dix minutes de marche de sa maison devant l'église Saint-Jacques. On peut la voir encore aujourd'hui et jusqu'à récemment on put même y dîner, à la « Taverne Nicolas Flamel » ! Actuellement, en 1991, la maison paraît être abandonnée et risque de tomber en ruines. Poisson, qui écrivait à la fin du XIXe siècle, ne se donna même pas la peine de voir si elle existait toujours : « Cette maison existait encore en 1852... »

51, rue de Montmorency. Portrait de Nicolas Flamel.

Nicolas bâtit cette maison, « au Grand Pignon », en 1407, après de nombreuses négociations, surtout avec le Prieuré Saint-Martin, pour acquérir le terrain, une cour, et d'autres maisons avoisinantes. La partie la plus originale de cette maison est, encore une fois, la façade, ornée de médaillons sculptés et d'inscriptions. Les bas-reliefs sont comme les gravures creusées dans les pierres, semblables à celles que l'on voit sur des dalles tumulaires. A l'origine, les creux furent probablement remplis d'un mastic coloré ou d'un émail pour mieux faire ressortir les images. A gauche de la corniche, une main géante indique la longue inscription en lettres gothiques qui traverse toute la façade. Cette inscription mentionne la date de construction du bâtiment ainsi que le but de cette fondation de Flamel :

> « Nous hommes et femmes laboureurs demourans ou porche de ceste maison qui fu faicte en l'an de grace mil quatre cens et sept sommes tenus chascun en droit soy dire tous les jours une patenostre et l'Ave Maria en priant Dieu que de la grace face pardon aux povres pecheurs trespassez. Amen. »

Empruntons la description de M. Aubert :

> « Les jambages, en liais, qui séparent les portes et les fenêtres sont ornés de petits personnages et d'anges, gravés dans des cadres en anse de panier et à redents tréflés, et bordés de colonnettes et de lettres ornées qui, rapprochées, forment des mots et des phrases. Six personnages barbus, couverts de grands manteaux et coiffés d'un bonnet pointu ou retombant sur le devant, sont vus à mi-corps. Ils tiennent des phylactères ; ce sont peut-être des prophètes, et des fragments de psaumes étaient sans doute autrefois peints sur ces banderoles. L'un d'eux nous a paru particulièrement intéressant ; il se trouve sur le jambage de gauche de la porte la plus proche de la rue Saint-Martin, au-dessus d'un F sculpté ; il est imberbe et porte sur la tête une sorte de turban ; nous sommes portés à croire que c'est le portrait de Nicolas Flamel. [...] Aux extrémités quatre personnages assis dans des jardins dont on reconnaît les arbres et les clôtures paraissent occupés à lire et à prier ; peut-être sont-ce les hôtes de la maison qui s'acquittent de leur loyer quotidien. Au milieu de chaque côté de la porte centrale, quatre anges musiciens. [...] La composition de ces petits médaillons est fort harmonieuse, la disposition élégante et l'exécution en général soignée. Les instruments sont traités avec un grand souci de vérité. Les deux du haut, particulièrement, sont d'un très beau style et rappellent ces jolis anges que l'on rencontre fréquemment dans l'ornementation des manuscrits du duc de

Berry. Sous ces figurines sont sculptées, dans des cartouches, les deux initiales N et F, d'un très beau dessin[3]... »

51, rue de Montmorency. Anges musiciens.

Cette ressemblance de style entre les décorations de la maison de Flamel et les manuscrits du duc de Berry ne serait pas du tout fortuite, étant donné que certains de ces manuscrits furent probablement préparés dans l'atelier de Flamel !

Les lettres gravées sur chaque jambage, une fois rapprochées, forment le répons : *DEO GRATIAS.* En dessous, des phrases, séparées également par les jambages, donnent le psaume : *Sit nomen Domini [benedictum] ex hoc nunc et usque in seculum Gloria Patri et Filio et Spiritui Sancto [Amen].* La porte principale était ornée d'un bas-relief représentant l'Adoration des Mages. Au-dessus de la corniche, au premier étage, se trouvait une grande pierre, aujourd'hui disparue, et dont l'abbé Villain nous fournit les détails :

« Le grand nombre de personnes représentées à genoux sur les pierres au-dessus des portes de la maison et à quelques piliers paroissent être les hôtes du Propriétaire récitans leur Patenostre. Flamel voulut que ces hôtes, en entrant dans leur hospice, eussent sous leurs yeux et la loi et l'image de l'exécution de cette loi. Il est aussi, sans doute, dans cette troupe dévote, et il paroit qu'il est représenté par la première figure dessinée après l'apôtre saint Jacques du côté du cimetière Saint-Nicolas. Après lui se voit une femme qui porte un panier, seroit-ce sa servante Marguerite la Quesnel, qui contribuoit à l'œuvre par un don. [...] Pernelle, quoique morte depuis long tems, doit être de l'autre côté. Une partie de ce que Flamel employoit au bâtiment de sa maison étoit un produit du don mutuel ; cette femme a dû trouver place sur ce monument en face de son mari. »

Nicolas sut communiquer son enthousiasme des bonnes œuvres à ses collègues et amis, à en juger du don de terrain et de maisons, le 10 avril 1407, par Pierre le Civier « espicier demourant a Paris » :

« Cest don fait pour la bonne amour et affection qu'il avoit et a au dit Nicolas, et pour certaines causes qui a ce l'ont meu et meuvent[4]... »

Les plus belles images de la façade de la maison de la rue Montmorency sont celles des quatre anges musiciens, chacun tenant un instrument différent. La musique semble avoir été un élément important dans la vie de Nicolas. La présence d'anges musiciens sur les façades de ses maisons et de ses monuments exprime un enthousiasme qui va plus loin que le côté purement conventionnel. Selon l'abbé Villain, sur le portail de Saint-Jacques, huit anges semblaient accompagner de divers instruments qu'ils portaient deux autres qui chantaient un texte inscrit sur un rouleau :

Ecce Mater Dei, Regina cœlorum,
Ista salus humani generis.

Nicolas dut sûrement assister aux *Miracles de Nostre Dame* présentés chaque année par la confrérie des orfèvres, près de l'église Saint-Josse. Dans chacune de ces pièces figurent des processions de la Vierge, accompagnée par des anges chantant des rondeaux en son honneur ; de plus il y eut souvent une participation des ménestrels de la rue des Ménétriers toute proche. Guillebert de Metz, en 1434, nous décrit une ambiance musicale très vivace à Paris :

« [...] maistre Lorens de Premierfait, le poete ; le theologien Alemant, qui jouoit sur la vielle ; Guillemein Dancel et Perrin de Sens, souverains harpeurs ; Cresceques, joueur a la rebec ; Chynenudy, le bon corneur a la turelurette et aux fleutes ; Bacon qui jouoit chançons sur la siphonie et tragedies... »

L'hôtel de Maître Jacques Duchié comporta une salle de musique « [...] remplie de toutes manieres d'instrumens, harpes, orgues, vielles, guiternes, psalterions et autres, des quelz le dit maistre Jaques savoit jouer de tous... »

Nicolas ne fut peut-être pas amateur de musique à ce point, mais il y prit certainement grand plaisir. Un manuscrit des œuvres complètes du plus grand musicien du XIVᵉ siècle, Guillaume de Machaut, fut peut-être copié dans son atelier.

L'épitaphe du musicien de cette époque se trouve dans les vers accompagnant l'image du ménestrel dans la *Dance Macabre* aux Innocents :

« De dancer ainsi n'eusse cure ;
Certes, tres enviz je m'en mesle,
Car de mort n'est painne plus dur.
J'ay mis sous le banc ma vielle ;
Plus ne corneray sauterelle
N'aultre danse, Mort m'en retient.
Il me fault obeïr a elle.
Tel dance a qui au cuer n'en tient. »

La Mort et le Ménestrel. De la Dance Macabre *(1485).*

De cette période et jusqu'à la fin de sa vie, Nicolas fut extraordinairement actif, d'une façon ou d'une autre, pour gérer ses biens. Les documents conservés, dont la plupart se trouvent aujourd'hui aux Archives nationales, racontent toutes sortes de démarches, de visites d'inspections de sergents à verge, de requêtes, de rapports, d'*actes de donat*, de permissions de vendre, de permissions de construire, d'échanges de rentes, de quittances, de procès. Tout ceci, avec la construction de portails d'église et d'autres monuments, sans parler de son travail professionnel de copiste-libraire, dut remplir pleinement le temps de Nicolas. Peut-être qu'il s'affaira ainsi, de façon presque fiévreuse, en partie pour oublier la douleur de la perte de sa femme Pernelle, et pour vivre convenablement son long veuvage.

Nicolas eut naturellement des soucis et des problèmes, comme tout propriétaire, dans la gestion de ses biens. Par exemple, voici un acte de générosité qui tourne mal :

> « Sur certains Marets assis entre Paris et Saint-Laurent, que Nicolas Flamel donna à rente à Michiel Bourgeois. [...] Lequel Bourgeois s'absenta après avoir vendu les Marets... »

Ou la nécessité d'entamer un procès pour obtenir une

somme qui lui était due (il s'agit de « l'Ostel de la Croix Blanche, rue Saint-Martin, au coin de la rue Guerin Boisseau ») :

> « L'Escrivain acheta le onze de Novembre 1390, pour 32 francs d'or du coin du Roy, une rente de 2 livres 6 sols parisis, hypothéquée sur cette maison. N'en étant point payé, il fit faire les criées de la maison dont on lui fit le décret le 19 novembre 1414[5]. »

Toujours en 1407, Nicolas fit construire deux autres maisons du même genre, dans la rue Saint-Nicolas-des-Champs, près de la rue Saint-Martin ; on y voyait « quantité de figures gravées dans les pierres avec un N et une F gothiques de chaque costé[6] ».

Quant aux autres maisons appartenant à Flamel, ou qui lui apportaient des rentes, plusieurs d'entre elles sont mentionnées dans les archives de Saint-Jacques sous la rubrique : « *Autre recepte à cause des rentes annuelles et perpetuelles appartenantes et advenues à la Fabrique [...] de par N. Flamel ...* », y compris celles « *[...] constituées et prises sur plusieurs héritages et possessions assis hors Paris...* » A Nanterre, Rueil, Chatou, Houilles, Vry et plusieurs autres villages près de Paris, nous apprenons que :

> « Les dicts deffunts Nicolas Flamel et Pernelle, jadis sa femme, avoient droits de rente sur plusieurs maisons, prés, vingnes et possessions assis aux lieux dessus dit et ès environs, dont à l'occasion des guerres, grant partie sont sans Propriétaires, en ruyne et non valoir. »

Dans la rue Quincampoix aussi, nous apprenons que : « L'ostel joignant du Plat d'estain [...] estoit en ruine dès le tems de Flamel... »

Ainsi le fait de posséder des propriétés, à une époque politiquement et économiquement troublée, n'implique pas forcément une grande richesse.

NOTES

1. Abbé Villain, *Histoire critique de Nicolas Flamel et de Pernelle, sa femme*, Paris, 1761.

2. Guillebert de Metz, *Description de Paris* (1434), éd. dans M. Le Roux de Lincy et L. Tisserand, *Paris et ses historiens au XIVe et au XVe siècles*, Paris, 1867, pp. 67-68.

3. M. Aubert, « La Maison dite de Nicolas Flamel, rue Montmorency, à Paris », dans *Bulletin monumental* 76 (1912), pp. 305-318.

4. Arch. nat., S 1379.

5 Villain, *op. cit.*, p. 287.

6. Salomon, cité par Poisson, *Nicolas Flamel*, Paris, 1893, p. 78.

Chapitre III

D'ARCANES ET D'ARCADES

> « Quand je considere ces têtes
> Entassées en ces charniers,
> Tous furent maîtres des requêtes,
> Au moins de la Chambre aux Deniers,
> Ou tous furent portepaniers :
> Autant puis l'un que l'autre dire ;
> Car d'evêques ou lanterniers,
> Je n'y connois rien a redire.
>
> Et icelles qui s'enclinoient
> Unes contre autres en leurs vies,
> Desquelles les unes regnoient,
> Des autres craintes et servies,
> La les vois toutes assouvies,
> Ensemble en un tas pêle mêle.
> Seigneuries leur sont ravies ;
> Clerc ne maître ne s'y appelle. »
>
> (François Villon, *Le Testament*, CLXII-CLXIII.)

Au Moyen Age, Dieu est vraiment partout, dans les gestes et paroles de tous les jours, dans les églises et cathédrales dont les peintures, sculptures et vitraux étaient comme un livre saint pour instruire ceux qui ne savaient pas lire. Souvenons-nous de la pauvre mère de Villon :

> « Femme je suis pauvrette et ancienne,
> Qui rien ne sais ; oncques lettre ne lus.
> Au moutier vois, dont suis paroissienne,
> Paradis peint ou sont harpes et luths,

Et un enfer ou damnés sont boullus :
L'un me fait peur, l'autre joie et liesse[1]... »

On voit clairement ici l'importance du visuel, importance très bien saisie par Nicolas Flamel.

Quand nous parlons de religion à cette époque, nous devons nous rappeler qu'ici aussi, comme dans le domaine politique, tout se déroule sur un fond extrêmement trouble et confus : celui du grand schisme dans l'Église catholique. Depuis 1305, les papes étaient en exil à Avignon ; de 1378 à 1417, il y eut deux papes rivaux, l'un à Rome, l'autre à Avignon, avec pour conséquence un grand déchirement, difficile à imaginer ; les nations se rangèrent du côté politiquement avantageux, divisées par la guerre qui dépassait les frontières de l'Angleterre et de la France. La France était pour le pape d'Avignon, les Anglais pour celui de Rome. Dans l'esprit d'un vrai croyant, pieux comme l'était Nicolas, cette dispute fondamentale au sein de l'Église, qui mettait même en question l'autorité du pape, dut être traumatisante. On assiste également à la « politisation des dévotions », où les saints se trouvent enrôlés sous les bannières des partis politiques. Cette tendance est particulièrement bien démontrée par l'histoire de l'artisan qui eut « le poing coupé » pour avoir enlevé une bande blanche mise par dérision sur la statue de Saint-André dans l'église Saint-Eustache.

Il faut donc aussi placer dans ce contexte difficile la grande piété de Nicolas et Pernelle, qui s'exprima non seulement dans la construction de maisons pour héberger les pauvres, mais aussi dans la création de monuments religieux. Selon l'abbé Villain : « Tout ce qu'il fit eut pour objet la religion. »

En 1389, Nicolas fit construire un nouveau portail dans son église Saint-Jacques, presque en face de son domicile. Lui et sa femme Pernelle y étaient représentés de chaque côté de la Sainte Vierge. La Vierge tenait de sa main droite l'Enfant Jésus et de sa main gauche une grappe de raisins. A part les anges musiciens dont nous avons déjà parlé, saint Jacques y était figuré à côté de Nicolas, et saint Jean-Baptiste à côté de Pernelle. De chaque côté de la Vierge, il y avait une coquille Saint-Jacques. Nicolas et Pernelle tenaient respectivement des banderoles qui portaient des légendes invoquant la Sainte Vierge : *Sancta Maria, intercede pro populo* et *Sancta Virgo Maria, ora pro nobis.* Quatre petites figures, sous le linteau de la porte, portaient d'autres banderoles avec une légende qui traversait de gauche à droite, commençant *Credo in Deum* et finissant *Domine nostrum.* Sous le linteau de chaque côté se trouvaient deux avis adressés à ceux qui entraient dans l'église : « Tenez vous en devotion » et « Ayez vraie contrition ». De plus, de chaque côté du portail, on pouvait voir des inscriptions :

« Ave Maria soit dit a l'entrée. »
« La Vierge Marie soit cy saluée. »

Selon l'abbé Villain :

« Au jambage occidental du portail, on voit un petit ange en sculpture qui tient en ses mains un cercle de pierre. Flamel y avoit fait enclaver un rond de marbre noir, avec un filet d'or fin en forme de croix, que les personnes pieuses baisoient en entrant dans l'église... »

En dessous de l'ange fut inscrit : *Memento pretiosæ crucis Domini nostri.*

Saint-Jacques-de-la-Boucherie. Portail érigé par Nicolas Flamel en 1389.

On ajouta plus tard la notice suivante :

« En l'honneur de Dieu fu fait ce portal et donné par un des Paroissiens et sa femme, l'an de grace mil CCC. IIII. vins & VIIII. Priez pour les Bienfaicteurs de la dicte Eglise, & pour tous autres qui mestier en ont, si vous plaist. »

En effet, Nicolas stipula dans son *Testament* que son don soit « mis ou Mathologé des Eglises et gravé en pierre ou laton apparent, si mestier est ».

Plus tard Nicolas fit d'autres dépenses dans son église pour orner de boiseries et de sculptures la chapelle Saint-Clément, particulièrement favorisée par lui, sans doute parce que son échoppe y était adossée. Dans les comptes et inventaires de Saint-Jacques, cités par l'abbé Villain, on trouve plusieurs mentions d'autres dons de l'écrivain :

> « Au coffre de la chapelle Saint-Clyment à Nicolas Flamel on trouve un calixte avec la patène d'argent doré. [...]
> Item un vestement de drap de soye noire doublé d'azur où est écrit NF en la chasuble. [...]
> [...] un tableau d'imagerie d'une pieté de N.-S. que l'on met aux festes sur le grand Autel, que donna Nicolas Flamel.
> Item un tableau ployans à une passion d'un costé, et à une résurrection d'autre costé, et l'a donné de nouvel Nicolas Flamel, & etoit sur le grand Autel... »

En 1402, Nicolas contribua à une nouvelle construction pieuse, le portail de l'église Sainte-Geneviève-des-Ardents. Il dut être un donateur important, car sa statue figura dans une niche à côté. Il y fut représenté en robe longue à capuchon avec les insignes de son art. L'abbé Villain rapporte également une croix gravée sur une pierre près de quelques vers peut-être dictés par Flamel :

> « De Dieu Nostre Sauveur,
> Et de sa digne croix,
> Soit memoire au pecheur
> Chacun jour plusieurs fois. »

En 1411, Nicolas fit reconstruire à ses dépens la chapelle de l'hôpital Saint-Gervais ; encore une fois, il se fit représenter agenouillé, avec figures et légendes. De plus, Nicolas contribua apparemment à des travaux dans les églises Saint-Cosme et Saint-Martin-des-Champs[2].

Au cimetière des Innocents, du côté de la rue de la Lingerie, Nicolas fit construire, ou plutôt décorer, en 1389, encore du vivant de sa femme, la première de ses deux Arcades ; ce fut la même année que la construction du portail Saint-Jacques. On pouvait y lire une notice : « Ce charnier fut fait et donné à l'église pour amour de Dieu, l'an 1389. Priés Dieu pour les trespassés en disant *Pater noster, Ave.* » Il s'agit de peintures et d'inscriptions sur une des voûtes des Charniers, à l'endroit réservé aux écrivains publics, qui travaillaient dans leurs petites échoppes devant.

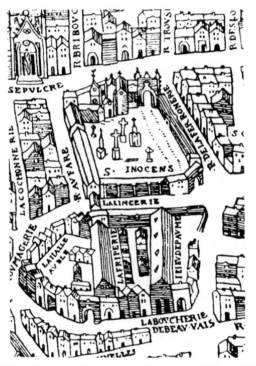

Le Cimetière des Innocents. Plan « de Bâle » (1550).

Selon les descriptions conservées, surtout celles de l'abbé Villain, l'Arcade fut identifiée au coin des lettres initiales de son nom, N et F. Ce N et ce F, dont Nicolas fut si fier, et que l'on voit encore de nos jours des deux côtés de la maison de la rue de Montmorency, comme on les voyait autrefois sur ses autres monuments, comme on les retrouve de même dans sa signature, au bas des pages peut-être calligraphiées par lui dans les manuscrits du duc de Berry : FLAMEL N. On voyait aussi des vers mal reproduits par l'abbé Villain et par Poisson, incomplets parce que partiellement effacés déjà au XVIIIe siècle, mais certainement sous forme de rondeau à huit lignes :

> « *Helas, mourir convient*
> *Sans remede homme et femme.*
> ... nous en [souvient].
> Helas, mourir convient.
> Le corps demain...
> Peut estre [dampnes...].
> *[Helas], mourir convient*
> *Sans remede homme et femme.* »

Puis fut représenté un « homme tout noir », plutôt « noirci », assurément la Mort, qui étendait un bras vers le cimetière devant lui. Sur le rouleau qu'il tenait de l'autre main, on lisait : « Je vois merveille dont moult [je] m'esbahis. » Il se peut bien que les commentateurs se soient trompés en ajoutant le deuxième « Je » dans ce texte du XVe siècle. Si nous lisons plutôt « ... moult m'esbahis », cela nous donne un vers décasyllabique typique de la poésie lyrique de l'époque. Ce genre de légende est également typique de l'époque ; on pourrait la comparer avec le vers initial d'une chanson interprétée par un duo curieux, un garçon sur le dos d'un cerf artificiel, au célèbre Banquet des Vœux du Faisan à Lille, en 1454 : « Je ne veiz onques la pareille. » Plus qu'un geste d'émerveillement devant des « figures hiéroglyphiques » sur la deuxième façade, construite dix-huit ans plus tard, ainsi que le voudraient les « alchimistes », nous pouvons l'interpréter comme une réaction devant la scène assez apocalyptique des charniers et du cimetière, même si ceux-ci faisaient partie de la vie quotidienne du quartier et des métiers que l'on y pratiquait.

En face de l'homme noir, sur la même Arcade, se trouvait une plaque « dorée », où l'on voyait le soleil, la lune et une autre planète, symboles accompagnant, en général, l'image du Sauveur sur la Croix ; il pourrait également s'agir d'une représentation de l'Apocalypse. Mais les alchimistes voudraient y voir des éléments fondamentaux de leur art.

Guillebert de Metz, lui aussi, décrit les images du cimetière des Innocents ; en 1434, il avait devant lui le portail construit par le duc de Berry en 1408, des *Trois Vifs et des trois Morts*, aussi bien que la *Dance Macabre*, les deux Arcades de Flamel et bien d'autres encore. Il est à remarquer que Guillebert ne voit dans ces images qu'une inspiration à la dévotion religieuse ; l'idée d'interprétations « chimistes » ne lui vient certainement même pas à l'esprit :

> « [...] là sont engigneusement entaillies de pierre les ymages des trois vifz et trois mors ; là est ung cimetiere moult grant, enclos de maisons appellées charniers, là ou les os des mors sont entassés. Illec sont paintures notables de la dance macabre et autres, avec escriptures pour esmouvoir les gens a devotion... »

En effet, contre le mur, de chaque côté de la figure de la Mort, sur la tombe qu'il éleva, en 1407, en souvenir de sa femme morte en 1397, Nicolas fit inscrire les lignes suivantes :

NICOLAS FLAMEL ET PERNELLE SA FEMME

LES POVRES AMES TRESPASSEES
QUI DE LEURS HOIRS SONT OUBLIEES
REQUIERENT DES PASSANS PAR CY
QU'ILS PRIENT A DIEU QUE MERCY
VEUILLENT AVOIR D'ELLE ET LEUR FACE
PARDON ET A VOUS DOINT SA GRACE

L'EGLISE ET LES LIEUX DE CEANS
SONT A PARIS MOULT BIEN SEANS
CAR TOUTE POVRE CREATURE
Y EST RECEU A SEPULTURE
ET QUI BIEN Y FERA SOIT MIS
EN PARADIS ET SES AMIS.

QUI CEANS VINT DEVOTEMENT
TOUS LES LUNDIS OU AUTREMENT
ET DE SON POUVOIR A FAIT DONS
INDULGENCE A ET PARDONS
ESCRITS CEANS EN PLUSIEURS TABLES
MOULT NECESSAIRE ET PROUFITABLE

NUL NE SAIT QUE TELS PARDONS VAILLENT
QUI DURENT QUAND D'AUTRES BIENS FAILLENT

DE MON PARADIS POUR MES BONS AMIS
DESCENDU JADIS POUR ESTRE EN CROIX MIS[3].

Selon Borel, Nicolas mit sur une plaque aux Innocents un rouleau portant la légende :

> *Redemptor meus venit, et in novissimo die de terra surrecturus sum, et in carne mea videbo Dominum Salvatorem meum.*
> (Mon Rédempteur vient, et au nouveau jour de la Résurrection, en chair, je verrai le Seigneur mon Sauveur[4].)

En 1407, un an avant le portail du duc de Berry, Nicolas Flamel fit construire sa deuxième Arcade, du côté de la rue Saint-Denis. C'est cette Arcade qui est le sujet du *Livre des figures hiéroglyphiques.*

Cimetière des Innocents. Vue générale embrassant toute la partie du cimetière qui donne sur la rue aux Fers. (Dessin de Bernier, 1786.)

Nous pouvons nous référer aussi au dessin fait par l'architecte Bernier, en 1786, avant la démolition de l'église et de la plus grande partie du cimetière. Ce dessin nous donne bien plus clairement l'illustration de la façon dont les sculptures rentraient au fond de la voûte. En effet, il s'agit d'un tableau conventionnel, montrant le donateur et sa femme agenouillés de chaque côté de Dieu, Nicolas à sa main droite, Pernelle à sa main gauche, chacun tenant une banderole, chacun protégé par un saint : saint Pierre pour Nicolas, saint Paul pour Pernelle. Sous les pieds de Dieu, se trouvent deux anges musiciens ; trois autres anges voltigent avec leurs banderoles autour de la tête de Dieu, deux autres tiennent des banderoles à l'extrême gauche et à l'extrême droite. Les lettres N et F se trouvent inscrites dans de petites écritoires, symbole du métier de l'écrivain, respectivement derrière la tête de Nicolas et de Pernelle. Dans une frise inférieure, la partie la plus originale de l'œuvre, on voit une suite de cinq petits bas-reliefs. Dans l'ordre du *Livre* : deux dragons ou diables ; un homme et une femme entourés de banderoles ; une scène de résurrection ; deux anges avec une banderole qui traverse le cadre pour sortir de la bouche d'un lion ailé ; le lion de saint Marc, qui semble protéger un homme couché par terre entre ses jambes.

Cimetière des Innocents.
Autre vue de la partie du cimetière adossée à la rue de la Lingerie.
Dessin de Bernier, 1786.

Les légendes des rouleaux sont les suivantes :

I) Les anges autour de la tête de Dieu :
O Pater omnipotens, o Jesus bone

II) L'ange à gauche :
O Rex sempiterne

III) Nicolas :
Dele mala quæ feci

IV) Pernelle :
Christe precor esto pius

V) L'ange à droite :
Salve, Domine Angelorum

VI) L'homme de la frise inférieure :
Homo veniet ad judicium Dei

VII) La femme de la frise inférieure :
Vere illa dies terribilis erit

VIII) Le lion de saint Marc, avec les anges à côté :
Surgite mortui, venite ad judicium Domini mei.

On ne voit rien, dans tout ceci, qui ne soit pas strictement conventionnel. Les dragons, en particulier, sont exploités par l'auteur du *Livre des figures hiéroglyphiques*, qui voulait y voir :

« [...] les vrais principes de la philosophie que les sages n'ont pas osé monstrer à leurs enfans propres. [...] Le premier est appelé soulfre ou bien calidité et siccité, et le dernier argent vif ou frigidité et humidité. Ce sont le Soleil et la Lune de source Mercurielle... »

Cependant, on peut voir ces dragons ailleurs, sans être obligé de recourir aux explications « chimistes » : de chaque côté des pieds de Dieu le Père dans la grande mosaïque de Cimabue à la cathédrale de Pise, par exemple.

En dessous de la série des cinq bas-reliefs, on voit aussi trois petits panneaux, représentant le martyre des Innocents. De plus, sur la muraille, derrière les personnages, nous trouvons deux petits cartouches particulièrement intéressants :

« [...] formés par des ornements gothiques, dont le vide est rempli par l'N et l'F, et sous la plinthe, à droite, un cartouche de même dessin, renfermant une main qui tient l'écritoire, symbole distinctif du bienfaiteur. »

Selon l'abbé Villain, sur un des battants de la porte de Saint-Jacques aussi, on voyait un petit écusson avec l'écritoire.

Nous avons vu que la maison principale de Nicolas Flamel n'avait rien d'extraordinaire en regard des maisons analogues d'autres bourgeois. Il en est de même pour les monuments dans les églises et aux Innocents. Nicolas était loin d'être le seul à construire arcades et charniers, parfois avec portraits et épitaphes. Aux Innocents, nous pouvons noter, par exemple :

> *1386 Berthault de Rouhen et sa femme Jacqueline.*
> *1399 Nicolas Boulard et Jeanette Dupuis, sa femme.*
> *1396 Mathieu d'Auteville et sa femme Martine.*
> *1397 Pierre Potier, pelletier et bourgeois de Paris.*
> *1405 Les exécuteurs de feu Arnoul Estable, dit le Charpentier.*
> *1407 Jacques Dourdin, premier tapissier et valet de chambre du roi et bourgeois de Paris.*

Dans ce contexte, les monuments, comme les maisons, si imposants soient-ils, perdent leur mystère, s'expliquent plus facilement, sans avoir besoin de recourir aux secrets de l'alchimie. Ou bien Nicolas était un bourgeois de Paris assez typique, bien que particulièrement doué, ou tous ces bourgeois de Paris qui construisaient de belles maisons et des monuments funéraires étaient alchimistes ! Comme l'exprima l'abbé Villain :

> « Flamel pensoit-il que quelques bâtiments et son testament l'établiroient l'un de plus fameux Philosophes hermétiques ? [...] a-t-il cherché et trouvé l'admirable et envié secret de transmuer des métaux en or ? C'est ce qui ne paroît pas croyable. »

Comparons les images des Arcades de Flamel avec deux autres exemples de monuments au cimetière des Innocents, reproduits par Guilhermy. Dans chaque cas, l'image est accompagnée d'une légende.

1) 1454. Un chanoine de Meaux, chapelain de l'église Saint-Jacques-de-l'Hôpital (cette église fut construite vers 1322 pour la confrérie des pèlerins de Saint-Jacques). Le chanoine est représenté seul devant la Croix. Le soleil et la lune sont représentés, non comme symboles alchimistes, mais parce que cela

était la règle presque obligatoire pour les images du Sauveur expirant sur la croix.

Pierre tombale du chapelain de l'église
de Saint-Jacques-de-l'Ospital (1454).

2) 1488. Christophe Fourquaut, du charnier du côté de la rue aux Fers. L'image de la Vierge tenant sur ses genoux le corps du Christ, avec de chaque côté Fourquaut et sa femme, accompagnés de leurs nombreux enfants, sous la protection de saint Pierre et de saint Christophe, et comportant armoiries et légende, trahit une ambition égale à celle de Nicolas Flamel.

A noter particulièrement le fait que saint Pierre se tient à gauche de la Vierge, comme ce saint se tient à gauche de Dieu, dans la gravure de 1612, illustrant la deuxième Arcade de Flamel. Selon les explications du *Livre des figures hiéroglyphiques*, ce fait, dans la sculpture de Flamel, aurait une signification particulière :

« Qu'il demande après en soy-mesme, pourquoy la figure de sainct Paul est à la main droite, au lieu où on a coustume de peindre saint Pierre, et celle de saint Pierre au lieu de celle de saint Paul ? [...] il me falloit donc représenter un homme avec une clef, pour t'enseigner qu'il te faut maintenant ouvrir et fermer, c'est-à-dire multiplier les natures germantes et croissantes... »

Monument de Christophe Fourquaut (1488-1501).

On soupçonne tout de suite que ceci fut écrit longtemps après Flamel par un auteur qui connaissait imparfaitement les conventions iconographiques du Moyen Age.

Dans le *Livre des figures hiéroglyphiques* le rôle symbolique des couleurs est extrêmement important. La description de la deuxième Arcade aux Innocents attribue à chaque élément une couleur particulière, pour signifier, selon l'auteur, les diverses étapes à suivre vers la transmutation métallique :

> « [...] les exhalaisons qui montent dans le matras sont obscures, bleues et flavastres. [...] Ces couleurs donc signifient la putréfaction. [...]
>
> [...] S. Paul, vestu d'une robbe entierement citrine blanche [...] cet homme vestu d'une robbe orangée, blanche et noire. [...]
>
> [...] Je t'ay fait prendre ainsi un champ vert, parce qu'en

cette décoction, les confections se font vertes, et gardent plus longuement cette couleur que toute autre après la noire. [...] [...] Sur un Champ violet et bleu, deux Anges de couleur orangé. [...]. »

En toute probabilité, tout ceci est une invention d'un auteur alchimiste du XVIIe siècle. Il est parfaitement possible, probable même, que les sculptures étaient, à l'origine, colorées. Nous pouvons en voir de semblables autour du chœur à Notre-Dame-de-Paris, par exemple, ou à la Sainte-Chapelle. A l'extérieur, cependant, exposées aux vents et à la pluie, très peu de ces couleurs auraient survécu jusqu'au XVIIe siècle. L'abbé Villain, en 1758, distinguait tout juste quelques traces de dorures qui brillaient encore sur le petit portail de Saint-Jacques. Mais les couleurs choisies par Nicolas Flamel furent sans doute tout autres que celles décrites dans le *Livre des figures hiéroglyphiques*. Celui-ci, selon l'abbé Villain, « est une explication faite après coup pour trouver dans ce tableau un des mystères de la pierre philosophale... ».

Un an après la construction de la deuxième Arcade de Flamel, en 1408, Jean, duc de Berry, fit sculpter sur le portail de l'église des Innocents la célèbre représentation de la légende des *Trois Vifs et des Trois Mors*. Étant donné les liens déjà existant entre ce grand mécène et Nicolas, car le copiste écrivit peut-être des *ex-libris* dans des manuscrits du duc et en prépara probablement quelques-uns dans son atelier, on peut se demander si ce fut sur une suggestion de Flamel que Jean de Berry entreprit son œuvre. Inévitablement, chacun dut être parfaitement conscient des nouvelles sculptures qui se réalisaient à quelques pas les unes des autres. La sculpture du portail fut accompagnée d'une légende expliquant son origine et comportant une curieuse allusion au fait que le duc en avait bien payé la facture :

« En l'an mille quatre cens huit,
Jean Duc de Berry tres-puissant,
En toutes vertus bien instruit,
Et Prince en France florissant,
Par humain cours lors cognoissant
Qu'il convient toute creature,
Ainsi que Nature consent,

Mourir et tendre a pourriture,
Fist tailler ici la sculpture
Des trois vifs, aussi des trois morts,
Et de ses deniers la facture
En paya par justes accords ;
Pour monstrer que tout humain corps,
Tant ait biens, ou grand cité,
Ne peut eviter les discords
De la mortelle adversité.
Dont pour avoir felicité,
Ayons de la mort souvenir,
Afin qu'après perplexité
Puissions aux saincts lieux parvenir. »

Nicolas Flamel mourut le 22 mars 1418. Selon sa volonté exprimée dans son *Testament*, il fut inhumé à Saint-Jacques, à l'extrémité de la nef, devant le crucifix de la Vierge. De son vivant, il avait payé la somme de 14 francs pour droit de sépulture. Avant sa mort, comme nous le raconte son *Testament*, il avait déjà fait préparer sa pierre tombale. Cette pierre se trouve aujourd'hui, après de curieuses péripéties, au musée de Cluny. Au milieu d'une représentation de Dieu le Père avec saint Pierre et saint Paul au bord supérieur et l'image d'un cadavre au bord inférieur, on lit cette inscription :

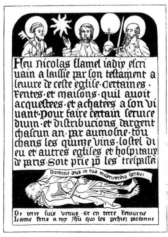

La Pierre tombale de Nicolas Flamel.
(Musée de Cluny).

FEU NICOLAS FLAMEL JADIS ESCRI
VAIN A LAISSIÉ PAR SON TESTAMENT A
L'EUVRE DE CESTE EGLISE CERTAINES
RENTES ET MAISONS QU'IL AVOIT
ACQUESTÉES ET ACHATÉES A SON VI
VANT POUR FAIRE CERTAIN SERVICE
DIVIN ET DISTRIBUCIONS D'ARGENT
CHASCUN AN PAR AUMOSNE TOU
CHANTS LES QUINZE VINS, L'OSTEL DI
EU ET AUTRES EGLISES ET HOPITAUX
DE PARIS. SOIT PRIÉ POUR LES TRESPASSEZ.

Des lèvres du défunt sort le rouleau conventionnel en latin :
Domine Deus, in tua misericordia speravi. En dessus du cadavre, on trouve deux lignes en français :

« De terre suis venu et en terre retourne ;
L'ame rens a toy Jhesu, qui les pechiez pardonne. »

F. de Guilhermy nous raconte :

« Longtemps après sa mort on le croyait vivant, parcou-
rant le monde comme un autre Juif errant ; la durée de son
existence devait se prolonger encore pendant plusieurs siècles. Le monument même qui nous occupe passait aux yeux
des illuminés pour une œuvre pleine d'énigmes, dont les
moindres circonstances se posaient comme des hiéroglyphes
inexplicables pour tous autres que pour les initiés[5]. »

Dans son *Testament* du 22 novembre 1416, Nicolas souli-
gne encore une fois la sincérité de sa foi et son désir de mourir
en bon chrétien. Il pense « aux choses celestieulx » et cher-
che le « salut et remede de son ame ». Cependant, il ne voulut pas quitter ce monde inaperçu. Dans un dernier éclat de
ce panache qui avait marqué son existence parmi les bourgeois de Paris, et la Ville même avec ses maisons et ses monuments flamboyants, il ordonna des obsèques impressionnan-
tes. Messes et services solennels, luminaire de torches. Du clocher, en face de sa demeure, il fallait « sonner notablement ».
On remarque, cependant, une grande gentillesse et bonne
humeur dans ses dons pour le dîner de ses voisins qui assis-
teraient à son Requiem :

> « Item a ses voisins qui feront compagnie au service pour aller boire ou disner comme bon leur semblera & prier pour lui... »

Non moins de trois cents pauvres devaient recevoir chacun quatre deniers « en leurs mains », le jour et le lendemain de son enterrement. Cent ménages pauvres devaient recevoir du « bon drap brun » pour faire « chacun en droit soy cette chapperon & chausses pour les porter et user comme ils pourront durer sans les vendre ni convertir ailleurs sur peine de restituer la valeur du drap ». Nicolas, homme d'affaires astucieux, ne voulut pas se laisser duper même après sa mort. Il laissa dans les mêmes conditions, à cinquante religieux, du drap brun-bleu pour « faire aux aucuns habits de leur religion & aux autres houppelandes ». Neuf confréries « dont il est a present confrere », ainsi que l'Œuvre de onze églises, reçurent « un calice ou il y ait en la passe un crucifix, Notre Dame & S. Jehan esmaillé, & au costé un N et un F ; couvercle de fin argent tous dorés [...] avec un estuy de cuir... », plus une torche.

On remarque, sur le plan domestique, le grand soin que Nicolas prit pour assurer l'avenir de « Margot la Quesnel sa Chambriere », ainsi que de Colette, sa fille. On remarque aussi la rancune persistante, après tant de querelles hargneuses, envers les parents de sa femme :

> « Laissa tant en aumosne comme pour tout droit de succession a ses parents, si aucun en a qui se voudroient dire ses heritiers, pour tout droit de succession & autre quelconques quarante livres parisis en argent pour une fois a tous ensemble, & les exempta, deboutta & mist hors de ladite succession ; & si eux ou aucun d'eux contredient aucune chose, ou ne veulent accepter ledit lais, il voult icelui lais estre converti en aumosne par esgale portion es Œuvres de l'Hostel Dieu de Paris & du S. Esprit en Greve. »

On peut imaginer la colère de ses neveux !

D'un bout à l'autre, ce *Testament* stipule le versement de sommes pour la célébration de messes. Nicolas pense aux dépenses, au pain, au vin, aux chandelles, à tout ce qui est nécessaire. A Saint-Jacques, il laisse des fonds pour des mes-

Le testament de Nicolas Flamel (Fin).
(B.N., f. lat. 9164).

ses quotidiennes pendant sept ans et quarante jours après son décès. Sa tombe doit être aspergée d'eau bénite, on doit prier pour le salut de son âme. De plus, il désire la célébration d'une messe spéciale chaque année « pour le salut des ames de lui & de ses feus pere et mere, parens & autres ses bienfaiteurs ». Après règlement de ses dettes et autres obligations, Nicolas laissa le reliquat à l'église Saint-Jacques : « [...] tous ses biens, meubles, rentes, maisons & heritages qu'il pourra avoir & a lui appartenir au jour de son trespassement, tant en la Ville de Paris comme dehors. [...] » Conforme à son caractère, il entoura ce legs généreux d'une multitude d'instructions détaillées afin de rendre certaine la réalisation de ses volontés. A ses exécuteurs, Margot la Quesnel et les Marguilliers de Saint-Jacques, Nicolas laissa « par amitié a chacun d'eux, combien qu'ils soient notables & suffisans, un gobelet ou hanap d'argent pesant un marc d'argent ».

Selon Gagnon[6], dans la conclusion incongrue de sa thèse, ce *Testament* serait « un texte alchimique » ! Un cas des « excès où entraîne le goût du merveilleux », comme l'aurait exprimé l'abbé Villain ! En effet, comment voir, dans le *Testament* de Nicolas Flamel, autre chose qu'une piété intense, une foi inébranlable, un désir brûlant de partager avec les moins fortunés les biens qu'il avait su accumuler si brillamment grâce à ses talents de copiste-libraire et d'homme d'affaires ?

NOTES

1. F. Villon, *Œuvres Le Testament*, éd. A. Mary, Paris, 1965.

2. A. Poisson, *Nicolas Flamel*, *op. cit.*, p. 54.

3. H. Verlet, *Epitaphier du vieux Paris : IV Les Saints-Innocents*, Paris, 1989, pp. 125-126.

4. P. Borel, *Trésor de recherches et Antiquitez Gauloises et françoises*, Paris, 1655, p. 543.

5. F. Guilhermy, *Inscriptions de la France du Vᵉ au XVIIIᵉ siècles : Ancien diocèse de Paris*, Paris, 1873 ; I, pp. 58-60.

6. C. Gagnon, *Analyse archéologique du « Livre des figures hiéroglyphiques »* attribué à Nicolas Flamel, Paris, 1975 [thèse].

Chapitre IV

DES MANUSCRITS :
LE PROBLÈME DES DEUX FLAMEL

> « L'envers des feuillets de beaux parchemins très
> blancs [...] a toujours été laissé vierge par l'enlu-
> mineur, sans doute en raison des légères boursou-
> flures que provoque, malgré la solidité du support,
> l'apprêt très épais des vastes fonds d'or. »
>
> (M. Thomas, éd., *Le Psautier de Saint-Louis*..., Graz,
> 1970.)

On sent que Nicolas Flamel fut fier de s'appeler « ESCRI-
VAIN », sur sa pierre tombale, et dans son *Testament*. Dans
les Actes de Saint-Jacques, concernant le *Testament* de Flamel en 1429, nous lisons : « Nicolas Flamel a son vivant
Escripvain et Bourgeois de Paris. » Écrivain, non dans le sens
d'auteur, mais de copiste-calligraphe. C'était son métier, dans
un temps où n'existait pas d'autre moyen de faire copier des
documents ou de les reproduire. L'imprimerie allait arriver
plus tard, vers la fin du XV⁰ siècle, révolution équivalente au
développement de l'informatique aujourd'hui ; pour Nicolas,
cependant, cet événement était encore à l'horizon. A une époque où la plupart des gens ne savaient ni lire ni écrire, malgré les exigences d'une société de plus en plus dirigée par
des juristes, l'écrivain public était certainement un personnage
de toute première importance, connu et respecté de tous. C'est
sans doute de cette façon que Nicolas a commencé, dans sa

petite échoppe de la rue des Écrivains, adossée avec celles de
ses confrères aux murs mêmes de Saint-Jacques. Nicolas ne
fut pas le seul à prospérer :

> « Aussi l'Écrivain dont il s'agit n'étoit-il le seul qui eût
> du bien. Il y en avoit d'autres qui étoient à leur aise, et même
> riches. [...] Jean Harengier, qui échangea avec la Fabrique
> de S. Jacques sa maison de la rue du Porche, pour une autre,
> qui faisoit un des coins de la rue Marivaux, vis-à-vis celle
> de Flamel. J'ajoute seulement à celui-là un Ansel Chardon
> assez notable sur la Paroisse de S. Jacques pour en être Mar-
> guillier. Celui-ci acheta de même une maison dans la rue des
> Écrivains. »

L'écrivain. De la Dance Macabre (1485).

Au cimetière des Innocents, côté rue de la Lingerie, il y
eut d'autres échoppes d'écrivains publics ; c'est à cet endroit
que Nicolas fit peindre sa première Arcade, en 1389. Il est
intéressant de noter deux témoignages concernant la vente de
livres aussi bien que le métier d'écrivain public devant le Char-
nier des Écrivains :

> « Plusieurs ordonnances de police avaient défendu la vente
> de livres et l'exercice de petits métiers dans le cimetière et
> les charniers[1]... »

« C'est sous ces charniers et le long des piliers que l'on treuve de certains écrivains qui sont fort connus par ceux qui ne sçavent pas escrire[2]... »

Cependant, il y a écrivains et écrivains. Ceux de tous les jours, pour des besognes ordinaires n'exigeant pas énormément de talent ; puis ceux de luxe, qui copient dans leurs ateliers de beaux manuscrits enluminés, ornés d'images fines, d'embellissements fantaisistes, de lettrines colorées et dorées. Nicolas progressa dans son art et apprit les subtilités de la calligraphie. Après son apprentissage, suivi sans doute de quelques années de travail assidu, période où il sut se faire une bonne réputation, il trouva possible d'acheter la maison en face de son échoppe et de l'Église, à l'enseigne de la Fleur de Lys. Cela lui fournit non seulement une demeure agréable, mais aussi un espace pour installer un atelier plus spécialisé. Il engagea probablement des collègues et assistants, puis des apprentis. L'échoppe resta comme enseigne pour indiquer l'atelier en face.

Au début du Moyen Age, la préparation de beaux manuscrits fut presque entièrement assurée par les moines, notamment les bénédictins du fond de leurs monastères. Il s'agissait, bien entendu, de textes religieux, d'Évangiles et de Bibles. Petit à petit pourtant, surtout à partir du XIIIe siècle, suivant le développement de la littérature profane, et parallèlement à une sophistication progressive des nobles et de la haute bourgeoisie, d'importants ateliers s'ouvrirent dans les grands centres culturels, où artisans et artistes professionnels, complètement indépendants de l'Église, créèrent des chefs-d'œuvre d'une beauté souvent égale à celle des plus célèbres manuscrits ecclésiastiques. Ainsi, il fallait une équipe de spécialistes, pour préparer le vélin, l'encre et les couleurs, copier le texte, ajouter les lettrines, peindre et enluminer, copier la musique, relier, etc. De tous les centres, aux XIVe et XVe siècles, Paris était de loin le plus important. Selon Christine de Pisan, certains copistes et enlumineurs étaient assez riches pour mener une vie « bohémienne », qu'elle désapprouve :

« Et de ces gens de mestier de tous ouvrages de moult soubtilz a Paris, croy plus que si communement n'a ailleurs, qui moult est belle et notable chose. [...] Mais pour parler un pou au fet de leurs meurs, je vouldroie qu'il pleust a Dieu, mais a eulx mesmes, car a Dieu plairoit bien, que leur vie fust communement plus sobre et non si delicative comme il ne leur apertiegne : car la lecherie des tavernes et des friandises dont ilz usent a Paris les puet conduire a maints maulx et inconveniens[3]... »

Plus tard encore, Nicolas devint « libraire-juré » de l'Université. Il est ainsi nommé dans un Acte de Saint-Jacques du 21 juillet 1414 :

« Guillaume Desprès, Bourgeois de Paris, vent a toujours a N. Flamel Libraire juré en l'Université de Paris, 2 livres parisis de rente[4]... »

Il appartint alors à une catégorie sociale privilégiée, celle des « clercs » :

« [...] libraires, parcheminiers, enlumineurs, écrivains et lieurs de livres, tous gens de métier appartenant aux diverses sciences et connus, au Moyen Age, sous l'appellation générique de clercs. Ils dépendaient de l'Université et non de la juridiction du prévôt de Paris, comme les autres marchands ; situation privilégiée qui les a dispensés de l'enregistrement de leurs statuts au livre d'Etienne Boileau[5]... »

Les clercs n'étaient pas obligés de payer les *tailles*, mais pour être clerc il fallait être *assermenté*, d'où l'appellation, pour un libraire, de *libraire-juré*. Vraisemblablement, Nicolas Flamel devint membre de ce groupe privilégié après 1368, car son nom ne figure pas dans la liste des quatorze libraires, onze écrivains, quinze enlumineurs, six relieurs et dix-neuf parcheminiers qui, par Ordonnance du Roy Charles V, furent dispensés de l'obligation de garde de nuit[6]. Nicolas Flamel aurait essayé, en 1415, de faire prévaloir ses privilèges pour éviter de payer une taxe, d'après un « projet de consultation » sous forme de « brouillon fort mutilé » rapporté par l'abbé Villain :

« [...] passé a quinze jours [...] est venu à l'Ostel, tenant un rolle de papier ou quel role avoit trente frans. [...] Il demande se par vertu du privilège l'on doit être exempt de tel prest [...] je ne sai se ceux de l'Université seroient [...] compris[7]... »

On pourrait observer en passant que ceci ne semble guère être la démarche d'une personne qui « roule sur l'or » ! Toutefois, comme nous l'avons vu précédemment, c'était une époque où les citoyens de Paris étaient accablés de nouvelles taxes, presque quotidiennement. Les plus fortunés étaient les plus exploités et c'était tout naturel pour n'importe qui de se défendre par tous les moyens possibles. Il ne faut pas s'étonner qu'un copiste devînt en même temps libraire. La vente de livres était insuffisante en elle-même pour justifier un emploi à plein temps. Comme nous le voyons d'après le *Livre de la Taille* de 1313, ceux qui étaient nommés libraires avaient toujours un autre métier plus important :

« Thomas de Sens, libraire et tavernier [...] mestre Thomas de Mante, libraire, et sa femme serpière [...] Nicolas l'anglois, libriere et tavernier... »

Si donc Nicolas Flamel atteignit le sommet de son art, il dut s'occuper de la création de livres tout à fait exceptionnels, d'une valeur souvent considérable. La clientèle fut également exceptionnelle : de riches bourgeois, parfois des princes mécènes. Il serait certainement absurde de dire, avec Canseliet, que « Nicolas Flamel n'aurait donc que très peu copié lui-même, sans doute trop absorbé par ses travaux alchimiques[8]... », et encore plus erroné de suivre Jacques Sadoul[9], qui nous informe que Flamel était « un petit artisan sans importance et sans relations dans le grand monde ».

Guillebert de Metz, dans sa description de la vie parisienne au début du XVe siècle, le mentionne : « Flamel l'aisné, escripvain », et c'est comme « escripvain », qu'on se rappelle de lui plus tard dans des actes de Saint-Jacques. Il est clair que Nicolas Flamel n'était pas n'importe quel copiste ; dans son genre, c'était un artiste ; c'est comme si on l'avait désigné « musicien » ou « poète ». Guillebert de Metz nous donne d'autres renseignements fort intéressants sur le milieu des « écrivains », milieu qu'il connaissait bien, puisqu'il était lui-même du métier, au service de Jean sans Peur, duc de Bourgogne, peut-être à partir de 1407 jusqu'à la mort de ce dernier, en 1416 ;

il resta à Paris jusqu'en 1437. Il signe, en effet : « Libraire de mons. le duc Jehan de Bourgogne », dans le manuscrit du *Sidrac ou Fontaine de toute science* (Den Haag, Ms. 510), copié de sa main. On peut le comparer au manuscrit de la traduction française du *Décameron* de Boccace par Laurent de Premierfait (Bibl. de l'Arsenal, Ms. 263), où l'on lit, f. 4v : « Explicit la table du transcrivain Guillebert de Metz, hoste de l'Escu de France a Gramont. 1417. »

C'est un commentaire de Guillebert qui introduit un nouvel élément, un *deuxième* Flamel, ce qui complique considérablement la discussion :

> « Gobert le souverain escripvain qui composa l'art d'escripre et de tailler plumes, et ses disciples qui par leur bien escripre furent retenus des princes, comme le jeune Flamel, du duc de Berry ; Sicart, du roy d'Angleterre ; Guillemin, du grand ministre de Rodes, Crespy, du duc d'Orléans ; Perrin, de l'Empereur Sigemundus de Romme, et autres plusieurs[10]... »

Malheureusement nous ne savons rien sur ce Gobert, qui aurait créé une véritable école de calligraphie, ni de son traité, pourtant intéressant à découvrir. Peut-être s'agit-il du « Gobers », précédemment au service des comtes de Hainaut qui, avant 1326, engagea le poète Jehan de la Motte pour copier quelques « comptes » :

> « Pour transcrire plusieurs escris des darrains comptes que Gobers fist apres chou k'il eut compté, xx sols[11]. »

Peut-être Nicolas Flamel fut-il également son élève. De toute façon, on ne peut nier l'existence des deux Flamel, soulignée par la distinction faite par Guillebert entre « le jeune » et « l'aisné ».

En effet, en ce qui concerne le jeune, il s'agit d'un Jean Flamel qui fut secrétaire du duc Jean de Berry : Jean de Berry, renommé comme bibliophile hors du commun, qui achetait, collectionnait, faisait copier et enluminer des douzaines, sinon des centaines de livres, les plus célèbres de tout temps. On parle souvent de Jean Flamel comme « frère » de Nicolas, mais nous n'en possédons aucune preuve. Si ce fut un frère, il dut mourir avant Nicolas, car il n'est jamais question de lui dans le *Testament*. Flamel, cependant, ne semble pas être un nom courant à l'époque, et ce serait une coïncidence surprenante si ces deux Flamel, tous deux associés d'une façon ou d'une autre au duc de Berry vers la même époque, écrivains-copistes tous deux, bien que de genre différent, ne partageaient aucun lien de parenté.

La position de « secrétaire » était parfois réservée à des poè- tes et auteurs de grande valeur, comme nous pouvons le voir dans le cas de Guillaume de Machaut, au service de Jean de Bohème ; de Jehan Froissart, au service de Philippa de Hai- naut (femme d'Édouard III d'Angleterre), et ensuite de Wen- ceslas de Bohème, et de Gui de Blois ; d'Alain Chartier au service du dauphin, le futur Charles VII de France. Même ces grands de la littérature durent s'occuper de la prépara- tion de documents administratifs et de voyages diplomatiques.

Jean Flamel, qui ne fut pas un auteur célèbre, travailla, comme le poète Eustache Deschamps, pour Louis, duc d'Orléans. Nous l'apprenons d'une quittance du 25 juin 1401 :

> « Sçachent tuit que je Jehan Flamel cognois et confesse avoir eu et receu de Guillaume Lemoine Receveur de Mon- seigneur le Duc d'Orléans, la somme de dix livres cinq sols quatre deniers parisis. Pour cause de l'escripture de certains fiefs par moy faicte en parchemin par l'ordonnance de Mes- seigneurs de la Chambre des comptes de mon dit Seigneur le Duc. Contenans iceulz fiefs et aucuns denombremens du duchié d'Orléans sept vins quatorze feuillez en vint kaiers. Dont pour chascun fueillet a esté tauxé par mes diz seigneurs de la chambre, rabatu le parchemin qu'ilz m'avoient fait livrer pour ce faire, seize deniers parisis qui font la ditte somme de Xl., Vs., IIIIdr.p. ... De la quele je me tiens pour con- tent et en quitte le dit Receveur et tous autres a qui il appar- tient. Tesmoing ceste quittance escripte de ma main et signée de mon seing manuel, le XXVᵉ jour de Juing, l'an mil qua- tre cens et un [12]. »

Jean Flamel fut principalement au service du duc de Berry comme secrétaire. Plusieurs documents restent pour nous raconter son passage. Entre autres, le 11 mai 1417, un procès :

« [...] entre Me Jehan Flamel [...] et Andriet Giffart, pour
cause de deux livres, *Titus Livius* et une Bible, que acheta
feu Monseigneur de Berry 500 f[13]. »

Des cadeaux au secrétaire en reconnaissance de ses services :

« Item, une escriptoire en laquelle a un guenivet et une
plume esmaillez aus armes de Monseigneur ; et au bout de
la plume est un petit saphir. *Dicti guaniventus et penna fue-
runt dati Johanni Flamelli, secretario dicti Domini...* ([...] et
la dite plume furent donnés à Jean Flamel, secrétaire du dit
Seigneur)[14]. »

« Item, une poincte de dyament ; assise en une verge d'or
plate, non brunie, que Guillaume Lurin donna a mondit Seigneur aux estraines l'an mil CCCC et IX. *Dato fuit magis-
tro Johanni Flamel per mandatum super prima parte LXIX
folii hujus compoti traditum...* (Ceci fut donné au maître Jean
Flamel contre livraison de la première partie des 69 feuilles
transcrites de ces comptes)[15]. »

Un livre *acheté* au secrétaire, ce qui suggère un lien peut-
être avec Nicolas Flamel, libraire :

« Item un romans qui parle des *Quatre filz Haymon*, de
Rollant et Oliver et plusieurs autres, escript de lettre de court ;
et au commencement de second fueillet a escript : *pour aller
a Paris* ; couvert de rouge empreint, a deux fermouers de
laton et .v. boullons de mesmes sur chascune aiz ; lequel
Monseigneur achata de maistre Jehan Flamel, son secretere,
le pris et somme de XXX frans[16]. »

De plus, Jean Flamel fit partie du cortège aux obsèques
du duc de Berry en 1416. Ce fait nous est rapporté par les
comptes de dépenses des drapiers, engagés pour fournir l'étoffe
noire des robes de deuil :

« Draps de laine noirs, livrez par Estienne Fouirnier et
Pierre de la Barre, Drappiers demeurans a Paris, du com-
mandement de Messieurs les Executeurs du Testament du
Duc de Berry, pour faire robes de dueil. [...] Maistres des
Requestes, Physiciens, & Secretaires (pour chacun neuf aulnes, dont il y a cinq pour robes et chapperons, chacune aulne
de 40 sols ; et quatre aulnes pour doubleure, chacune aulne
de 20 sols[17]). »

Ex-Libris *signé Flamel N.*
(B.N., f. lat. 248 (1), f. 1r).

Bon nombre d'entre les manuscrits du duc de Berry comportent sur les feuilles de garde des *ex-libris* ou autres renseignements sur leur provenance ou sur leur destin postérieur. Souvent ces passages fournissent des détails supplémentaires intéressants : ainsi le *Livre des bonnes meurs* fut offert au duc de Berry par Jacques Legrant, de l'ordre des ermites de Saint-Augustin, qui l'avait fait exécuter ; une *Bible historial* « laquelle monseigneur le duc donna, au mois de juing l'an 1410, a messire Jehan Harpedenne, chembellan du Roy et de Monseigneur » ; le duc devait le splendide volume du *Livre des Merveilles* à la générosité de son neveu, le duc de Bourgogne ; « Ces belles et notables heures fist faire très hault et très puissant prince Jehan, filz de roy de France, duc de Berry et d'Auvergne, comte de Poitou, d'Estampes, de Bouloingne et d'Auvergne, et furent parfaittes et acomplies en l'an de grace mil quatre cens et neuf », etc.

Il ne s'agit pas de petites annotations griffonnées à la hâte ; ce sont des pages entières, merveilleusement calligraphiées, et toutes signées : FLAMEL N. Le N est placé dans une sorte de demi-cercle en dessous de FLAMEL. On rencontre cette petite arabesque en demi-cercle dans d'autres signatures comparables de cette époque, mais toujours pour contourner la queue d'une lettre qui descend vers le bas. Or, dans le nom de Flamel, il n'y a pas de lettre de ce genre. Le demi-cercle est tracé délibérément pour encadrer un N, qui n'a pas du tout l'apparence d'une arabesque fortuite. Il en est exactement de même dans tous les manuscrits portant cette signature. Or, les experts sont loin de s'accorder sur l'interprétation de ces signatures.

Le catalogue des manuscrits de la Bibliothèque nationale, par exemple, donne souvent : « signé J. Flamel », malgré le fait que l'on ne voit jamais de J ; on passe sous silence le N final. Delisle également, dans son célèbre *Cabinet des Manuscrits*, répète à plusieurs reprises cette attribution, en ajoutant que Jean Flamel « fut certainement un des plus habiles calligraphes de son temps ». Mesnier, par contre, dans son *Isographie des hommes célèbres*, nous présente un exemple typique (« Ceste Bible fut a Monseigneur Saint Louis jadis Roy de France Flamel N ») comme exemple de la signature de *Nicolas* Flamel. Le manuscrit B.N., f. fr. 1023, le *Livre de bonnes meurs*, porte selon Delisle « une note de la main de Jean Flamel, secrétaire du duc de Berry ». La page en question, reproduite dans sa *Paléographie du Moyen Age* par Stiennon, qui donne simplement FLAMEL dans sa transcription,

Ex-Libris *signé Flamel N.*
(f.fr.159, f.Br).

est clairement signée, comme tous les autres exemples, FLA-
MEL N.

Le dossier des deux feuilles d'une demi-Bible (B.N., nouv.
acq. fr. 3431) à la Bibliothèque nationale est particulièrement
révélateur du dilemme des experts. On y trouve des notices
imprimées et contradictoires sur les « pages Flamel » :

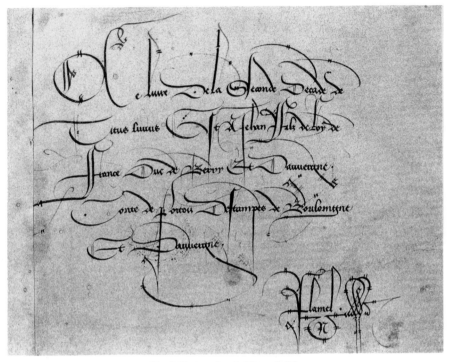

Ex-Libris *signé Flamel N.*
(Chantilly, Musée Condé, MS.757).

— « f. 2 : Notice sur Flamel (Jean), secrétaire et bibliothé-
caire du duc Jean de Berry, frère du fameux Nicolas Flamel, auquel on a attribué ses *[sic]* autographes... Inscription...
J. FLAMEL. »
— « f. 6 : *Autographes... Célébrités diverses (hommes)...* Flamel (Nicolas). Grande célébrité dont l'immense fortune est
encore un problème et dont les alchimistes ont fait un des
créateurs de la science occulte, car on lui attribuait le pouvoir de faire de l'or. Beaucoup d'autres versions aussi absurdes
ont été répandues sur la source de ses richesses qu'il faut
attribuer à une haute intelligence spéculatrice à l'économie.
Aussi bienfaisant que riche, il fonda plusieurs hôpitaux, répara
des églises, secourut des marchands dans la gêne, dota les
jeunes filles pauvres, etc. Il avait été écrivain-juré de l'Université de Paris. Il était en outre bon peintre. [!]. »
— « f. 5 : Belle pièce, faussement attribuée à Nicolas. »

Le catalogue nous donne :

> « [...] un feuillet contenant la fin de la première partie d'une Bible en français, avec la signature du duc Jean et une note de Jean Flamel [...] le complément de cette note se trouvait sur un autre feuillet [...] on lit ces mots, qui apprennent comment le duc de Berry cessa de posséder cette Bible : "Et depuis, c'est assavoir l'an mil quatre cens et dix, mon dit seigneur le duc donna cette dicte demie Bible a Robert d'Estampes, gardes de ses joyaux. J. Flamel." »

Tout ceci malgré l'évidence de la page : FLAMEL N. Le *Catalogue général des bibliothèques de France* (Paris, 1886, t. IV), nous donne, pour le *Catholicon*, manuscrit 335 de la Bibliothèque municipale de Bourges : « Au fol. 1, de la main de Nicolas Flamel... »

Peut-on être certain que le N dans la signature FLAMEL N représente une lettre initiale ? Dans un contrat du 26 juillet 1426, concernant une transaction de la fabrique de Saint-Jacques à propos du legs de Nicolas Flamel, le notaire Jehan Preudome signe de la même façon : PREUDOME avec un I en dessous[18]. Cela démontre que cet usage est parfaitement possible à l'époque. Seulement, le notaire Thomas Boyuel signe plusieurs autres documents du même genre avec un N non seulement en dessous de son nom, mais aussi avant et après ! Pourquoi ? Est-ce que le N veut dire « notaire » ? Cependant, ni Jean ni Nicolas n'étaient notaires, ainsi cela ne compterait pour rien dans leur cas. Certainement, la situation est confuse, et il reste le problème de deux autres sources manuscrites de genre différent, mais portant toujours cette même signature :

1. Les Lettres d'établissement de la Sainte-Chapelle à Bourges[19]. On s'attendrait à y voir la signature du secrétaire du duc de Berry. Cependant, un secrétaire de la chambre des comptes du duc en 1415-1416, Arnault, signe de la même façon, avec un N. Il s'agirait dans ce cas d'une pratique de chancellerie. De plus, ce même Arnault fournit un *vidimus* du 28 mars 1415 concernant ces Lettres d'Établissement, où il note : « Et estoit escript esdictes lettres sur la marge dessoubz par *monseigneur le duc* et signées J. Flamel[20]. »

2. La quittance de Jean Flamel « signée de mon seing manuel » le 25 juin 1401[21], document personnel signé encore avec un N.

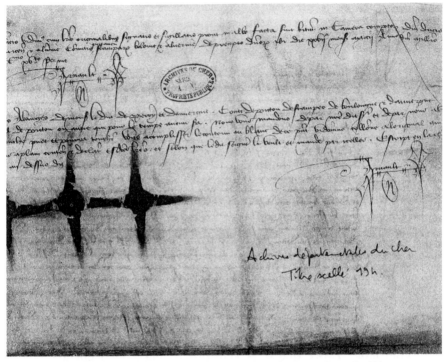

Signature d'un secrétaire du Duc de Berry : Arnault N.
(Archives départementales du Cher, titre scellé 194).

Une explication possible, si FLAMEL N est la signature de Nicolas, est que ces deux documents seraient des copies ; ceci démontrerait en même temps qu'on employait Nicolas pour des besoins pratiques et qu'il s'occupait également de documents juridiques, d'actes de notaire, etc., ce que l'on a d'ailleurs généralement supposé. Certainement, un seul secrétaire n'aurait jamais suffi pour écrire ou copier le flot de lettres, actes, décrets, etc., qui émanait d'une grande maison comme celle du duc de Berry. On peut comparer le cas de la « signature » de Guillaume de Machaut dans un document légal du 1er mai 1334, concernant le château de Durbuy, rési-

dence de son maître Jean de Luxembourg, roi de Bohème.
Ce document fut contresigné : « *Par le roy, Guillaume de
Machau.* » Néanmoins l'original est perdu et ne nous est connu
que par trois copies cartulaires[22]. On faisait habituellement
copier de tels documents importants, surtout dans le cas d'actes
ou d'accords entre partis différents.

Une fois établi le fait que Jean Flamel était bien le secrétaire de Jean de Berry, la plupart des experts ont toutefois
supposé que la signature « Flamel » dans les manuscrits du
duc devait forcément être celle du secrétaire. Si néanmoins
ce fut Nicolas qui écrivit « mon dit seigneur le duc », cela
ne voudrait pas obligatoirement dire qu'il fut au service de
Jean de Berry. Il s'agit d'une formule de politesse, et en tout
cas, l'écrivain copia ce qu'on lui demandait de faire.

Une solution possible du dilemme est d'imaginer une situation où Jean Flamel, secrétaire, malgré des capacités admi-
rées par le duc, aurait fait appel à Nicolas — son frère ou
son parent — dans des cas particuliers, quand il fallait une
calligraphie particulièrement fine pour les beaux manuscrits
de son maître, ainsi que pour la copie de documents ordinaires. Même s'il faut écarter cette hypothèse, on peut facilement accepter que, par ces liens de famille, quelques-uns
d'entre ces manuscrits purent même être copiés et enluminés
ou reliés dans l'atelier de Nicolas Flamel, face à Saint-Jacques.
Cela expliquerait en partie sa bonne fortune, ainsi que peut-
être sa réputation postérieure. Il s'agit de grands manuscrits
de luxe, ornés de lettres, vignettes, enluminures de couleurs
vives, souvent embellies par l'emploi copieux d'or.

Imaginons un passant ignorant, étranger au monde des livres
de luxe, qui aurait aperçu, par la porte entrebâillée, la large
tranche dorée et brillante d'un manuscrit tel que la *Bible
hystoriaulx*[23]. Ce passant aurait pu facilement croire avoir vu
un immense lingot d'or ! A partir de là un peu de bavardage
aurait aidé à répandre la réputation de l'écrivain qui « faisait
de l'or » ! En tout cas, l'or était un ingrédient essentiel dans
la préparation de ces manuscrits, et Flamel dut toujours en
avoir dans son atelier. Étant donné la proximité du quartier
des orfèvres, l'approvisionnement du matériau, ainsi que la
collaboration entre artisans, put se réaliser sans difficulté.

Il est clair que, même sans l'intermédiaire de son secrétaire, Jean de Berry était en contact avec les libraires de Paris. L'inventaire de ses livres inclut :

> « Un petit livre de la passion Nostre Seigneur, lequel monseigneur acheta d'un libraire de Paris pour le pris de 6 escus d'or[24]. »

On peut facilement imaginer une telle négociation : le duc eut son livre, le libraire son or.

Le rapport entre or et livres va encore plus loin, car souvent les manuscrits les plus luxueux comportaient de l'or sur leurs reliures ou fermoirs :

> « Il les avait fait couvrir avec luxe, et orner de fermoirs d'or qui avaient payés 331. 5s. t. à l'orfèvre Hance Krest[25]. »
>
> « [...] et l'office des mors, garnies de fermoirs et de pippe d'or et de pierrerie[26]. »

La valeur de la plupart de ces manuscrits du duc de Berry est inestimable. Les *Très Riches Heures*, par exemple, avec la note de Flamel, « de tous les manuscrits du duc de Berry [...] fut estimé au plus haut prix par les exécuteurs testamentaires[27] ».

Si notre théorie est correcte, voilà donc Nicolas Flamel en contact étroit avec le plus grand mécène et bibliophile de son temps, un employeur capable presque littéralement de l'inonder d'or. La signature de Jean de Berry, parfois ajoutée dans ses manuscrits, comporte une petite arabesque, un pâle reflet de la calligraphie superbe des *ex-libris* que le duc aurait certainement admirée et même tenté d'imiter.

Il est intéressant de noter un lien supplémentaire entre Nicolas Flamel et Jean de Berry : tous deux construisaient presque en même temps au cimetière des Innocents. En 1407, Nicolas fit construire tout le chantier de la Vierge, rue Saint-Denis, avec la célèbre Arcade aux « figures hiéroglyphiques ». L'année suivante, en 1408, en mémoire de son neveu assassiné, Louis d'Orléans, Jean de Berry fit sculpter sur le portail de l'église, à quelques pas seulement de l'Arcade de Flamel, le *Dit des Trois Morts et des Vifs*, ce qui fut suivi par la célèbre fresque de la *Dance Macabre*, le long de la rue de la Ferronnerie, faite à ses frais mais terminée vers 1429, longtemps après sa mort en 1416.

Les talents de Nicolas, surtout s'il dirigeait un atelier, un vrai *scriptorum*, furent certainement fort appréciés du duc. Nicolas serait entré, par conséquent, non seulement dans une relation commerciale extrêmement avantageuse, mais aussi dans le cercle des plus grands connaisseurs et auteurs de son temps. On aimerait penser, par exemple, que le beau manuscrit des œuvres de Guillaume de Machaut[28] fut préparé dans son atelier, selon les instructions et même sous la surveillance du grand poète-musicien. Nous savons que Machaut présida ainsi à la copie d'autres manuscrits de son recueil. Nous renvoyons à la liste des manuscrits, sans doute incomplète, en fin de livre pour des détails précis sur tous les manuscrits en question ; il en résulte que Nicolas put restaurer, relier, copier, à la fin du XIVᵉ et au début du XVᵉ siècle, toute une suite de manuscrits des auteurs des plus célèbres : Machaut, Boccace, Froissart, Marco Polo, le *Roman de la Rose*, des Histoires, des Bibles, des Heures, des Bréviaires, des Psautiers.

Notre conclusion est donc exactement le contraire de celle de Poisson, qui nous informe, à propos de Nicolas :

> « Son métier d'écrivain, tel qu'on le comprenait alors, lui rapportait suffisamment pour vivre même quand il ne se fut adonné à la confection des manuscrits de grand prix comme son confrère Jean Flamel, même s'il fut contenté de faire les manuscrits courants et les copies d'actes[29]. »

Pour nous, Jean Flamel fut principalement copieur d'actes, d'inventaires et de comptes ; ce fut Nicolas Flamel qui sut ajouter à ces activités de base toute une gamme de services comme copiste, calligraphe, relieur, directeur d'atelier, libraire.

NOTES

1. Arch. nat., C 636, cité par V. Dufour, *La Dance Macabre des SS. Innocents de Paris*, Paris, 1874, p. 18.
2. Faugère, *Journal d'un voyage à Paris en 1657-1658*, Paris, 1862.
3. Christine de Pisan, *Le Corps de policie*, Bibl. de l'Arsenal, Ms. 2681, f. 90.
4. Villain, *op. cit.*, p. 175.
5. R. de Lespinasse, *Les Métiers et les Corporations de la Ville de Paris*, III, Paris, 1897.
6. *Ordonnances des Rois de France*, V, 686.
7. Villain, *op. cit.*, pp. 173-174.
8. M. Préaud, *op. cit.*, p. 55.
9. J. Sadoul, *Le Trésor des alchimistes*, Paris, 2ᵉ éd., 1970.
10. Guillebert de Metz, éd. Le Roux de Lincy, p. 84.
11. *Comptes de la Chancellerie de Hainault.*
12. B.N., nouv. acq. fr. 3640, pièce originale n° 384.
13. Arch. nat. KK 250, cité par J. Guiffey, *Inventaires de Jean, duc de Berry* (1401-1416), 2 vol., Paris, 1894-1896 ; II, p. 338.
14. Inventaire B. 627, *ibid.*, II, p. 75.
15. Inventaire A. 446, *ibid.*, I, p. 133.
16. Inventaire A. 954, *ibid.*, I, p. 251.
17. *Registre de la Chambre de comptes*, repr. par D. Godfrey, en appendice à son édition de Juvenal des Ursins, *Histoire de Charles VI*, Paris, 1653, p. 779.
18. Arch. nat. S. 3380, liasse 9.
19. Archives départementales du Cher.
20. *Ibid.*
21. B.N., f. fr. 3640, pièce originale 384.
22. Bruxelles, Archives générales, manuscrits divers n° 20, f. 84r et f. 82r ; Archives départementales du Nord, Lille, Ms. B. 1583, p. 233.
23. B.N., f. fr. 159.
24. L. Delisle, *Le Cabinet des manuscrits de la bibliothèque impériale/nationale*, 4 vol., Paris, 1868-1881, III, p. 182.
25. *Ibid.*, II, p. 182 ; à propos du *Livre de l'empereur céleste* et du *Livre des remèdes de chacune fortune*, avril 1398.
26. *Ibid.*, III, pp. 178-179 ; les *Très Riches Heures* (B.N., f. lat. 919).
27. *Ibid.*, III, p. 179.
28. B.N., f. fr. 9221.
29. A. Poisson, *op. cit.*, p. 7.

Chapitre V

DE L'OR

> « Sur le comptoir en bois trônent la balance réglée au gramme près et la loupe avec laquelle il vérifie l'origine du métal. Le prix de l'or n'a cessé de monter ces dernières semaines... »
>
> (*Le Monde*, 1er août 1991 :
> reportage sur Bagdad.)

L'or, de tout temps, a attiré la convoitise de l'homme. Inutile de rappeler tous les drames, meurtres, aventures, qui se sont produits à cause de cette obsession de posséder ce métal précieux, que ce soit sous forme de poudre, lingots, bijoux ou pièces de monnaie. Encore aujourd'hui, à quelques pas de la maison de Flamel, rue de Rivoli, on glisse dans la main du passant un papier l'invitant à se rendre rue des Lavandières-Saint-Opportune pour expertise gratuite — paiement comptant — de ses lingots, déchets, or dentaire ou pièces d'or ! Dans une vitrine, presque en face de l'autre maison Flamel, rue de Montmorency, on voit, ce mois de juillet 1991, une brochure intitulée : *Or et alliages d'or !*

Même sans prendre du tout en considération l'idée que Flamel aurait, par des procédés alchimiques, fabriqué de l'or, il est certain que l'or joua un rôle important dans sa vie de tous les jours. Comme nous l'avons vu à propos des manuscrits, Nicolas eut besoin d'assez grandes quantités de ce métal précieux, ingrédient essentiel pour les enluminures, lettrines, et reliures :

« [...] garnies de fermoirs et de pippe d'or et de pierrerie[1]... »

« [...] il les avait fait couvrir avec luxe, et orner de fermoirs d'or qui avaient payés 33l. 5s. t. à l'orfèvre Hance Krest[2]... »

« Unes belles Heures tresbien et richement historiées [...] et par dessus lesdites heures a une chemise de veluyau vermeil doublé de satin rouge ; lesquelles Heures Monseigneur a fait faire par ses ouvriers ; et ont été prisées avec une pippe garnie d'un fin balai au milieu pesant vingt karats et quatre perles fines rondes entour presant chacune quatre karats[3]. »

Dans les églises aussi, l'or, l'argent, et les pierres précieuses jouaient un rôle essentiel et traditionnel dans l'imagerie et l'adoration de Dieu. Que l'on se souvienne de la *Pala d'Oro* de la basilique Saint-Marc à Venise. Au cimetière des Innocents, à Paris, on voyait, selon Guillebert de Metz, « ung innocent entier enchassé d'or et d'argent ».

Bien évidemment, dans ses activités commerciales quotidiennes, Nicolas avait besoin d'or. Des écus d'or, d'ailleurs, représentaient une valeur plus sûre, surtout au début du XVe siècle, période où, à plusieurs reprises, Paris passa des mains des Armagnacs à celles des Bourguignons et inversement, avec pour conséquence une dévaluation des monnaies. Le Bourgeois de Paris nous en fournit des détails :

« (1417) Item, le 20e jour de février audit an, fut crié qu'on ne prît nulle monnaie à Paris que celle du roi, qui moult fit grand dommage aux gens de Paris, car la monnaie du duc de Bretagne et du duc de Bourgogne étaient prises comme celles du roi, dont plusieurs marchands, riches et pauvres, et autres gens qui en avaient perdirent moult, car pour la défense homme n'en eût eu quelque nécessité sinon au bullion, mais environ un mois après, on reprit les dessusdites monnaies, et défendues comme devant furent[4]. »

Cela implique des pertes considérables pour quiconque possédait des pièces autres que la monnaie royale. Le seul recours était de les vendre comme billon, pour leur valeur de métal précieux. Tout le monde, à ce moment-là, voulut posséder de l'or !

« (1417) Item, le 29e jour de mai ensuivant, vigile de la Pentecôte, fut crié que nul ne prît quelque monnaie, que celle du coin du roi seulement, et qu'on ne marchandât qu'à sols et à livres, et furent aussi criés à prendre petits moutons d'or pour 16 sols parisis, qui n'en valaient pas plus de 11 sols parisis[5]. »

Il s'agit ici d'une manipulation monétaire : le gouvernement « Armagnac » introduit de nouvelles pièces d'or, le mouton (23 carats) de 20 sous, et le petit mouton de vers 11 sous, mais ne les vend qu'à un prix exagéré !

La convoitise des marchands pour des pièces en or, sans tenir compte, bien entendu, des circonstances terribles racontées par le Bourgeois, est satirisée dans une scène célèbre de la *Farce de Maistre Pierre Pathelin*. Eustache Deschamps, qui aurait pu connaître Flamel, se moque, de même, de cette avidité brûlante, dans sa farce de *Maître Trubert et Antroignart*.

Tout autour de la maison de Nicolas, on trouvait beaucoup de métiers utilisant du métal : dans sa rue même, se trouvaient les cloutiers et vendeurs de fil, dans la rue Saint-Martin, les ouvriers d'airain. Les orfèvres travaillaient à quelques pas de sa demeure, rue Quincampoix, sur son chemin, quand il allait aux Innocents ou, après 1406, quand il allait voir la nouvelle maison qu'il fit construire pour loger les pauvres, rue de Montmorency. Guillebert de Metz nous dresse, en 1434, le tableau complet du quartier :

« [...] de Saint-Martin, ou demeurent les ouvriers d'arein ; de Petits-Champs ; de Beaubourc, ou avoit des fillettes ; en cul-de-sac, de Gieffroy l'Angevin, des menestrels, ou l'en tient escoles des menestrels ; des Estuves, la Trefilliere, le Bertaut-qui-dort ; de Quinquempoit, là demeurent les orfevres ; de Aubry-le-Bouchier, la Courarie, ou demeurent les ouvriers de dyamans et autres pieres ; de Amaury de Roussi, de Trousse-sevache, de Guillaume Josse ; des Lombards, ou l'en fait pourpoins devant, et les marchans demeurent derriere ; de Marivaus, ou demeurent les cloutiers et vendeurs de fil ; la Vieille Monnoie, la Haumerie, ou l'en fait armeures ; la Saunerie, la rue de Jehan le Conte, la Savonnerie ; la Pierre-au-Lait, ou l'en vendait le lait ; la rue lez l'Eglise Saint Jacques, ou demeurent les escripvains[6]... »

A l'époque de Flamel, la rue de la Courarie s'appelait rue des Cinq-Diamants ; depuis 1804, elle est devenue le prolongement de la rue Quincampoix entre la rue Aubry-le-Boucher et la rue des Lombards. La rue de Marivaus est l'actuelle rue Nicolas Flamel. Il est intéressant de noter que Guillebert de Metz mentionne une rue Pernelle, entre Pastourelle et Blancs-Manteaux, donc assez loin de la rue Pernelle moderne, dans l'ancienne rue des Petits-Marivaux ; s'agirait-il déjà d'une commémoration de la femme de Flamel ?

Nicolas Flamel posséda peut-être des propriétés dans la rue même des orfèvres ; de toute façon, nous trouvons, dans les Actes de Saint-Jacques de 1445-1455, mentionnées des « Rentes de par Nicolas Flamel a Paris » :

> « Rue Quinnenpoit : Sur l'Ostel et appartenances de l'Estoile [...] à Jean Raoul, dit Nosieulx, Orfèvre... »

Dans la rue Quincampoix, on trouvait non seulement des orfèvres, mais aussi des merciers :

> « La rue Quincampoix, ou, comme on disoit alors, *Qui qu'en poist*, d'autant plus brillante que les boutiques d'orfèverie s'y mêloient à celles des merciers, devoit être le rendez-vous du beau monde et surtout des dames châtelaines[7]... »

Il nous faut ici aborder une théorie émise par Poisson, dans son livre sur Flamel, selon laquelle ce dernier aurait produit un alliage métallique qu'il croyait sincèrement être de l'or, et qu'il aurait ensuite fait passer pour de l'or afin de réaliser sa grande fortune :

> « Flamel s'est occupé d'alchimie une grande partie de sa vie et il y a trouvé la source de sa fortune, qu'il ait été souffleur ou adepte. [...] Les sels d'or et d'argent facilement réductibles donnaient de l'or et de l'argent métalliques qui s'alliaient à l'étain fondu. On pouvait obtenir dans ces conditions un alliage ayant l'aspect, l'éclat, la couleur, le poids et le son de l'or. Or, à cette époque, les procédés analytiques étaient assez primitifs, un pareil alliage pouvait passer pour de l'or aux yeux des orfèvres. [...] Flamel était de bonne foi, il croyait réellement faire de l'or, les orfèvres qui lui achetaient prenaient son métal pour de l'or [...] comme la trans-

mutation des métaux n'a rien d'impossible [...] nous préfé-
rons regarder Flamel comme ayant été sinon adepte, au moins
philosophe hermétique[8]. »

Sans nous arrêter sur les idées « chimiques » de Poisson,
nous pouvons néanmoins examiner les normes observées à
l'époque de Flamel, comme nous les rapportent surtout les
statuts des orfèvres, conservés dans le *Livre des Métiers*
d'Étienne Boileau. La *Dissertation* de Depping nous aide également à en comprendre les règlements :

> « On exigeoit que les orfèvres et tous ceux qui travailloient
> en or, ne se servissent que d'or fin : mais on voulait du solide,
> et on défendoit le cliquant, pour éviter les fraudes des arti-
> sans ; cependant les ordonnances renouvellent si souvent la
> défense de frauder qu'il faut croire que malgré tous les soins
> employés par l'autorité publique et par les corporations elles-
> mêmes, on trompoit beaucoup en substituant l'apparence à
> la réalité, et en vendant le faux pour le vrai[9]. »

Les statuts des orfèvres révèlent, en effet, une surveillance
étroite et constante de la qualité et de la pureté du métal.
On imposait des amendes sévères, des mesures draconiennes,
pour sauvegarder le bon nom, l'honneur du métier :

> « Et si li .iii. preud'ome treuvent .i. home de leur mes-
> tier qui ovre de mauvès or ou de mauvès argent, et il ne
> s'en voille chatoier, li .iii. preud'ome ameinent cellui au pre-
> vost de Paris, et li prevoz le punist si qu'il le bannist a .iiii.
> anz ou a .vi., selonc ce qu'il a deservi[10]. »

Il en est de même pour les « Cristaliers et les Perriers de
pierres natureus » :

> « Nus ne puet ne ne doit joindre voire en couleurs de cris-
> tal par tainture ne par painture nule, quar l'œuvre en est
> fausse et doit estre quassée et despeciée[11]. »

Les règlements imposent un standard minimum de pureté
pour l'or, comme nous pouvons le voir dans les nouveaux statuts de 1355 :

> « Item, nul orfevre ne peut ouvrer d'or a Paris, qu'il ne
> soit a la touche de Paris ou meilleur, laquelle touche passe

touz les ors dont l'en euvre en nulles terres, lequel est a dix neuf quaraz et un quint de quarat[12]. »

La révision de 1379 précise : « Et est chacun marc d'or a dix neuf quaras et ung quint de quarat[13]. »

La qualité de l'argent doit également correspondre strictement aux normes :

« (1355) Item, nul orfevre ne peut ouvrer d'argent qui ne se reviengne aussi bon comme argent le Roy sanz lez souldures, lequel est dit argent de gros. [...]

(1379) [...] lequel argent le Roy est a onze deniers douze grains fin, et auront remede de trois grains fin, au marc d'argent, et non plus ; et leur doit bien souffire de celle loy, car en la vaisselle que l'en a nagueres prinse sur pluseurs orfevres de Paris, l'en en a trouvé grant quantité a onze deniers neuf grains fin et audessuz[14]... »

Des limites très précises, ainsi : un minimum de dix-neuf et un cinquième de carats pour l'or ; onze deniers douze grains au marc pour l'argent, à la rigueur trois grains en dessous. Ces statuts témoignent d'une certaine fierté professionnelle : la qualité de l'or à Paris serait plus grande que nulle part ailleurs. L'argent employé par les orfèvres à Paris dépasse souvent le minimum exigé. Nous voyons donc, que, malgré les tentatives de faux de la part de quelques moutons noirs du métier, il aurait été extrêmement difficile de faire passer de grandes quantités d'un alliage, ayant peut-être l'apparence de l'or ou de l'argent, mais de valeur très inférieure. D'ailleurs, le risque était énorme, les chances d'être découvert et puni sévèrement étaient considérables. On a de la peine à accepter l'idée d'un libraire-juré de l'Université, artisan respecté dans son métier, fier de son rang de « Bourgeois de Paris », risquant ainsi le bannissement, la ruine, la disgrâce totale. La corporation des orfèvres ne se contentait pas simplement de dresser des règlements ; ceux-ci furent appuyés par des visites et des contrôles fréquents. En 1329 (8 février), un arrêt du Parlement autorisa les jurés des orfèvres « à visiter et examiner les ouvrages d'orfèvrerie dans Paris, non seulement chez les marchands merciers, mais partout ailleurs en cette ville, avec pouvoir de saisir ceux qu'ils trouveront défectueux[15] ».

En 1384 (22 avril), une Ordonnance autorisa les jurés des orfèvres à « visiter les changeurs à cause des ouvrages d'or et d'argent et de pierreries, et ordonnant que les changeurs ne vendront que la vaisselle d'un aloi conforme aux règlements[16] ».

> « [...] ou cas ou ladicte vesselle d'argent ne sera pas par eulx trouvée de tel aloy comme elle doit estre, c'est assavoir a XI deniers neuf grains fin, et la vesselle d'or a dix neuf caratz et ung quint du moins, lesdits orfevres seront tenuz et pourront icelle vesselle faire apporter en la chambre de nosdites Monnoyes[17]... »

Que cette insistance sur la qualité du métal, la correction de l'alliage *(aloi ; loy)* fût constante est démontré par une suite de règlements, d'actes et d'ordonnances au cours des XIVe et XVe siècles. En 1429, par exemple, un arrêt du Parlement du 23 mars :

> « [...] Item ; et s'il advient que en ceintures ou aultres ouvrages d'orfavrerie qui seront signées, comme dit est, l'en treuve faulte de loy, en telle maniere qu'elles ne soient que de onze deniers ou au dessoubz, l'euvre sera confisquée, esztans encore en la possession de l'orfevre, et si paiera l'orfevre amende arbitraire. [...]
>
> [...] Item et quant aux ceintures et autres euvres d'orfavrerie vieilles que autres gens que orfevres portent vendre aux merciers et marchans d'orfavrerie, iceulx merciers et marchans les pourront acheter pour les casser ; mais ilz ne les pourront exposer en vente s'elles ne sont de bon aloy et dedens le remede ordonné par les dites ordonnances ; et se l'en trouve qu'il y ait faulte, elles seront cassées[18]. »

En 1495, nous trouvons une sentence du prévôt de Paris prescrivant aux orfèvres des conditions de fabrication :

> « [...] que doresnavant aulcun maistre ne ouvrier dudit mestier ne s'ingère de faire ne faire faire [...] ouvraiges d'orfavrerie, d'or et d'argent, brazés ensemble, en telle maniere que l'or ne se puisse peser a part et l'argent a part, et savoir combien il y en a de l'ung et de l'autre[19]. »

Toujours le souci de peser, contrôler, vérifier la qualité de l'or et de l'argent.

Non, Nicolas Flamel employa de l'or et de l'argent quotidiennement dans le commerce et pour les besoins de son métier, mais, à ce stade de notre enquête, rien ne nous suggère qu'il en fabriquât.

NOTES

1. B.N., f. fr. 919, *Inventaire*.
2. *Livre de l'empereur célestial* et *Livre des remèdes de chacune fortune* ; voir Delisle, *op. cit.*, III, p. 182.
3. *Inventaire*, éd. A. Hiver de Beauvoir, *La Librairie de Jean Duc de Berry*, Paris, 1860, p. 23.
4. *Le Journal d'un Bourgeois de Paris...*, *op. cit.*, p. 97.
5. *Ibid.*, p. 98.
6. Ed. Le Roux de Lincy, *op. cit.*, pp. 72-73.
7. G.-B. Depping, *Dissertation...*, *op. cit.*, pp. 50-51.
8. A. Poisson, *op. cit.*, pp. 99-100.
9. G.-B. Depping, *op. cit.*, p. 42.
10. *Livre des Metiers (1258)*, éd. R. de Lespinasse, p. 34.
11. *Ibid.*, p. 62.
12. *Ibid.*, p. 9.
13. *Ibid.*
14. *Ibid.*
15. Arch. nat., *Livre vert neuf*, Y6 (1), f. 47, éd. Lespinasse, p. 12.
16. *Ibid.*
17. *Ordonnances des Rois de France*, VII, 74.
18. Éd. Lespinasse, II, 15.
19. *Ibid.*, II, 18.

Chapitre VI

DE L'ALCHIMIE

« Jeune clerc, il avait lu dans Nicolas Flamel la description de l'*opus nigrum*, de cet essai de dissolution et de calcination de formes qui est la part la plus difficile du Grand Œuvre. »

(Marguerite Yourcenar,
L'Œuvre au noir.)

L'alchimie, à l'origine, s'apparente à la métallurgie. Les forgerons de la mythologie, les « Maîtres du feu », tels que Vulcain, transmuent des métaux considérés comme vivants. Le four se compare à la matrice où se développe l'embryon. Nombreuses sont les sources folkloriques qui racontent des histoires de rajeunissement survenu à l'intérieur d'un four. De la même façon, à l'intérieur du fourneau alchimique, les métaux sont transformés : le plomb devient or. Les origines de l'alchimie remontent très loin, jusqu'à l'Égypte ancienne. Cette science traversa la Grèce et le monde arabe avant de s'implanter en Europe vers le XIᵉ siècle. Il existe aussi des branches chinoises et indiennes. Cette influence se fit sentir en Europe, principalement par des traductions latines d'œuvres arabes telles que le *Livre des Septante* de Geber (Jābir ibn Hāyyān), et la *Turba Philosophorum*.

Des métaux tels l'or et l'argent ne se trouvent que rarement à l'état pur dans la Nature. On considéra les expériences de transmutation métallique comme un reflet ou une condensation de l'Œuvre de la Nature, qui met des millions d'années avant d'arriver au même résultat. Pour le Moyen Age, naturellement, tout est en fait l'œuvre de Dieu. Nous voyons dans tous les textes de cette époque, comme dans ceux des siècles suivants, un souci constant de la part des auteurs pour se protéger de toute accusation de sorcellerie ou de magie. Le « grand Œuvre », dans sa forme la plus pure, serait une œuvre spirituelle, pour la perfection de l'âme ; la « matière première », loin d'être métallique, serait l'homme lui-même.

La littérature alchimique est vaste. L'examen des catalogues de manuscrits et de livres imprimés des grandes bibliothèques révèle des milliers de titres, dont la plupart sont peu connus. Pour le médiéviste, comme matière de recherche, ces œuvres représentent une richesse extraordinaire. Parmi les grands auteurs « classiques », certains sont particulièrement importants : « Hermès », Arnauld de Villeneuve, Geber, Artéphius, Roger Bacon, Raymond Lulle, Bernard le Trévisan. Déjà au XVIIe siècle, on trouve des études compréhensives et des catalogues tels l'*Harmonia seu consensus philosophorum chemicorum* de Lagneau (1611), le *Tractatus secundi seu basilicae chymicae* de Johann Daniel Mylius (1620), la *Bibliotheca chimica seu catalogus librorum philosophorum hermeticorum* de Borel (1654), le *Theatrum Chemicorum* (1659) ou le *Museum hermeticum reformatum et amplificatum* de Frick (1677) ; ceux-ci sont suivis au XVIIIe siècle de nombreuses œuvres, dont la *Bibliotheca Chemica Curiosa* de Manget (1702), l'*Histoire de la Philosophie hermétique* de Lenglet du Fresnoy (1742), ou la *Bibliothèque des philosophes alchymiques ou hermétiques* de Salmon (1754)[1]. Un trait essentiel de tout ouvrage alchimique est son langage symbolique, langage qui se prête facilement à une imagerie surréaliste. Ainsi le déchiffrement du texte à dessin problématique est une épreuve initiatique. Ce fait explique la multiplicité des tentatives pour livrer le « vrai secret », les variantes et les querelles entre divers auteurs.

Même la musique peut être conçue comme une expression alchimique. La théorie musicale du Moyen Age, héritée de l'Antiquité grecque, assimilait les mouvements cosmiques aux intervalles harmoniques. La « musique des sphères » symbolisait l'harmonie de la création divine. La « musique chimique » serait donc un autre symbolisme pour représenter les opérations alchimiques censées elles aussi s'accorder avec les lois de l'ordre naturel. *Musique Chimique* fut, en effet, le titre d'un ouvrage inconnu, attribué par Borel à Nicolas Flamel. On comprend la tentation, pour les « hermétiques », d'interpréter à leur façon la présence d'anges musiciens sur les maisons et les monuments de l'écrivain.

Un labyrinthe de littérature alchimique entoure Nicolas Flamel. Le *Livre des figures hiéroglyphiques* en est le point de départ. Il faut donc passer en revue les données essentielles de ce texte si fréquemment utilisé pour mieux comprendre la postérité légendaire du bourgeois parisien.

Le Livre des figures hiéroglyphiques, attribué à Flamel, est glissé entre deux textes authentiques dans l'édition des *Trois Traictez de la Philosophie naturelle non encore imprimez* de 1612, d'Arnauld de la Chevalerie. Cette publication prend sa place de façon naturelle dans une suite d'éditions imprimées, telles que la *Transformation métallique* de Gohory (1561), qui contient le *Sommaire Philosophique*, également attribué à Flamel. D'autres éditions semblables, telles que l'*Auriferae Artis, quam chemicam vocant* (1572), ainsi que des traités comme les *Zwölf Schlüssel* de Basile Valentin (1599), aidèrent à diffuser la connaissance de la philosophie hermétique. Les lieux de publication démontrent que l'enthousiasme pour cette science était particulièrement intense en France, en Allemagne, en Suisse, et en Angleterre : Paris, Lyon, Strasbourg, Francfort, Halle, Cologne, Hambourg, Bâle, Londres. Vers le début du XVIIᵉ siècle, cet enthousiasme engendra des polémiques et des rivalités, caractéristiques d'ailleurs des auteurs « chimistes », suffisamment acerbes pour provoquer l'invention totale du *Livre des figures hiéroglyphiques* en 1612.

A cette époque Arnauld de la Chevalerie, qui se donne pour traducteur d'un texte latin, avait à sa disposition un *corpus* énorme de textes alchimiques pour alimenter sa fertile imagination. Il cite, parmi d'autres : l'*Iris* du Roy Herculès ; Hermès Trismégiste ; Rosinus ; Diomedes ; Morienus ; Calid, Perse, fils de Iasiche ; Pythagoras ; Démocrite ; Rasis ; Avicenne ; Abraham le Juif ; *la Scala Philosophorum (l'Eschelle des philosophes)* ; Lambspringk ; *la Turba Philosophorum (Tourbe)* ;

Hali Abenragel ; Demagoras ; Senior ; *le Livre des sept sceaux égyptiens* ; le *Rosarium* d'Arnauld de Villeneuve *(le Rosaire)* ; le Royal Prophet David ; *le Sommaire Philosophique.*

Le *Livre* nous raconte une histoire tout à fait extraordinaire, pour ne pas dire incroyable. Un curieux vieux manuscrit, un voyage picaresque sont presque mêlés dans un roman d'amour entre Nicolas et Pernelle. Tout ceci est le point de départ de l'histoire du long apprentissage alchimique de Nicolas, de sa réussite en fabriquant trois fois du « pur or, meilleur très certainement que l'or commun, plus doux et plus ployable », de l'interprétation des « figures hiéroglyphiques » qu'il fit représenter dans sa deuxième Arcade aux Innocents :

> « [...] souz néantmoins des voiles et couvertures hiérogly-phiques à l'imitation du livre doré du Juif Abraham, pou-vant représenter deux choses selon la capacité, à sçavoir, des contemplans... »

Le texte est bourré de toutes sortes de détails destinés à donner un effet de vraisemblance, les uns tirés de faits déjà connus par les registres de Saint-Jacques ou par les monu-ments eux-mêmes ; les autres tirés des livres précédents déjà cités ; d'autres encore d'une lecture très attentive de toute une gamme de littérature alchimique.

Le manuscrit qui « tombe » entre les mains de Nicolas est, en effet, curieux :

> « [...] il me tomba entre les mains pour la somme de deux florins un livre doré fort vieux et beaucoup large, il n'estoit point en papier ou parchemin, comme sont les autres, mais seulement il estoit fait de deliées escorces, (comme il me sem-bloit) de tendres arbrisseaux. Sa couverture estoit de cuivre bien delié, toute gravée de lettres ou figures estranges... »

Il se félicite de son acquisition, car le vendeur n'avait pas apprécié la valeur du manuscrit pas plus que lui-même à l'épo-que, et il fournit une explication possible de son origine :

> « Je croy qu'il avoit esté desrobé aux miserables Juifs, ou trouvé quelque part caché dans l'ancien lieu de leur demeure... »

En effet, il vit au premier feuillet, écrit en grosses lettres capitales dorées, le nom de l'auteur : « Abraham le Juif, prince, preste lévite, astrologue, et philosophe, à la gent des Juifs, par l'ire de Dieu dispersée aux Gaules... »

L'œuvre dont il est ici question ne semble pas du tout imaginaire. Il s'agit d'un texte intitulé *Aesch Mezareph*, dont des copies ou des extraits tardifs existent à la Bibliothèque nationale et à la Bibliothèque de l'Arsenal. La partie la plus frappante de ce texte est certainement la suite de sept images symboliques, souvent reproduites à part. La tradition de livres d'images symboliques sans autre texte est représentée au XVIIe siècle par le *Mutus Liber* (1677), ou au XVIIIe siècle par l'*Elementa Chemiae* de J.-C. Barchusen (1718). Selon le *Livre*, Nicolas découvrit dans son manuscrit :

> « [...] un jeune homme avec des aisles aux talons, avant une Verge Caducée en main, entortillée de deux serpens, de laquelle il frapoit une salade qui luy couvroit la teste, il sembloit, à mon petit avis, le Dieu Mercure des Payens, contre iceluy venoit courant et volant à aisles ouvertes, un grand Vieillard, lequel sur sa teste avoit un horloge attaché, et en ses mains une faux comme la mort, de laquelle, terrible et furieux il vouloit trancher les pieds à Mercure.
>
> [...] une belle Fleur en la sommité d'une montagne très-haute, que l'Aquilon esbranloit fort rudement, elle avoit le pied bleu, les fleurs blanches et rouges, les feuilles reluisantes comme l'or fin, à l'entour de laquelle les Dragons et Griffons Aquiloniens faisoient leur nid et demeurance.
>
> [...] un beau Rosier fleury au milieu d'un beau jardin, eschelant contre un chesne creux, au pied desquels bouillonnoit une Fontaine d'eau très-blanche [...].
>
> [...] un Roy avec un grand coutelas, qui faisoit tuer en sa présence par des soldats, grande multitude de petits enfans [...], le sang desqueles petits enfans estoit puis recueilly par d'autres soldats, et mis dans un grand vaisseau, dans lequel le Soleil et la Lune du Ciel venoient se baigner. »

Il ne raconte pas les trois autres images, qui représentent des serpents, symboles de l'argent vif, sans doute parce qu'Arnauld ne pouvait en trouver sur la deuxième Arcade ! Tout ce symbolisme est complètement caractéristique des textes alchimiques. Les deux Dragons ou Spermes, mâle et femelle, représentent le soufre (air et feu) et l'argent vif (eau et terre). Le Soleil ou le Roi est l'or ; la Lune ou la Reine est l'argent. Les images, par leurs symboles, fournissent les instructions nécessaires à une série d'opérations chimiques ; le but final est de créer de l'argent et de l'or par ces moyens secrets. L'histoire des vaines tentatives de Nicolas pour comprendre la portée de ce livre mystérieux, ses précautions pour ne pas divulguer qu'il le possédait, l'interprétation absurde proposée par un licencié en médecine qui examina les échantillons que Nicolas copia exprès lui-même, le voyage de Nicolas en Espagne, ostensiblement en pèlerinage à Compostelle, mais en vérité pour chercher « quelque Sacerdot Juif » qui puisse lui en fournir l'explication, tout ceci est un vrai roman d'aventures ! Non moins émouvant est le voyage de retour, la rencontre désirée à Léon avec un maistre Canches (Sanchez ?), « fort sçavant en sciences sublimes », la joyeuse coopération de celui-ci, leur passage par Oviedo et « Sanson » (Santander ?) pour rentrer en France, et la mort soudaine du sage à Orléans, par suite de mal de mer, « affligé de très grands vomissements » ! On peut observer en passant qu'il n'y a aucune trace, dans le *Testament* de Nicolas Flamel, des rentes promises dans le *Livre* à l'église Sainte-Croix pour dire tous les jours des messes pour l'âme du « docte homme » défunt.

Le roman d'amour, enfin. Arnauld sut si bien peindre la complicité conjugale de Nicolas et de Pernelle que son idée fut souvent reprise dans d'autres inventions apocryphes des XVIIe et XVIIIe siècles. La première surprise est l'enthousiasme de Pernelle, quand Nicolas lui permet de voir son manuscrit mystérieux ; surprenante aussi, dans le contexte supposé du XVe siècle, est la confession de Nicolas à propos de son incapacité de garder le secret devant sa femme :

> « Ma femme Pernelle que j'aymois autant que moy-mesme, laquelle j'avois espousée depuis peu, estoit toute estonnée de celà, me consolant et demendant de tout son courage, si elle me pourroit délivrer de fascherie. Je ne peus jamais tenir ma langue, que ne luy disse tout, et ne luy montrasse ce beau livre, duquel à mesme instant qu'elle l'eust veu, elle fust autant amoureuse que moy-mesme, prenant un extrême plaisir de contempler ces belles couvertures, graveures d'images et

portraits, ausquelles figures elle entendoit aussi peu que moy. »

Quand Nicolas revint enfin à Paris après son voyage en Espagne, grande fut la joie de Pernelle. Elle fut toujours à ses côtés pendant ses expériences et elle partagea son triomphe :

> « Je l'ay parfaicte trois fois avec l'ayde de Perrenelle, qui l'entendoit aussi bien que moy, pour m'avoir aydé aux opé-rations, et sans doute si elle eust voulu entreprendre de la parfaire seule, elle en seroit venue à bout. »

Suit une liste exagérée des monuments et bonnes œuvres censées avoir été réalisées grâce aux fonds illimités ainsi acquis :

> « [...] elle et moy avons desja fondé et renté quatorze hos-pitaux en cette ville de Paris, basti de neuf trois chapelles, décoré de grands dons et bonnes rentes sept églises, avec plu-sieurs reparations en leurs cymetières, outre ce que nous avons faict à Boloigne qui n'est pas guieres moins que ce que nous avons fait icy. »

Cette liste ne correspond pas à la réalité. Comme nous le verrons au chapitre VII, Flamel est inconnu à Boulogne.

Dans le *Livre*, Arnauld met dans la bouche de Flamel plu-sieurs références au *Sommaire*. Ce petit texte de 656 vers fut pour lui une source importante, sans doute d'après l'édition de Gohory :

> « [...] moy-mesme en mon Sommaire philosophic que j'ay composé il y a quatre ans deux mois [...].
>
> Ce sont ces deux Spermes masculin et fœminin, descripts au commencement de mon Sommaire Philosophique [...].
>
> De ces deux dragons ou principes métalliques, j'ay dit au sommaire sus-allégué [...]. »

En l'absence d'une source manuscrite d'avant le XVIIe siè-cle, il est difficile de se prononcer sur l'authenticité de ce texte. Il est possible que, dans l'atelier de Nicolas, fut copié un manuscrit du *Roman de la Rose* suivi de textes alchimiques, dont le *Sommaire*. Nous étudions cette possibilité au prochain

chapitre. De cette façon, le nom de Flamel put devenir atta-
ché au texte, surtout si en même temps les gens cherchaient
à expliquer sa grande fortune. Le poème se termine, cependant avec quatre lignes qui ne correspondent pas à ce que
nous savons de Flamel :

> « Je parle un peu ruralement :
> Par quoy je vous prie humblement
> De m'excuser, et en gré prendre,
> Et a fort chercher tousjours tendre. »

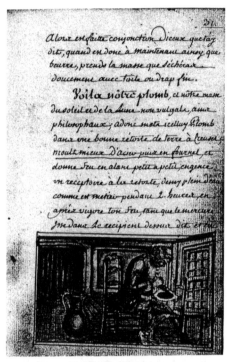

Le Brevière.
(Yale University Library, Mellon MS.100, f.31).

Les vers sont d'assez mauvaise qualité, cela est vrai ; on
pourrait en dire de même pour bien des inscriptions françaises sur les monuments flameliens. Mais que Nicolas lui-même,
malgré les conventions d'humilité, ait voulu se désigner comme

« rural », lui qui avait passé toute sa vie au centre de Paris et était devenu libraire-juré de l'Université, voilà de quoi nous étonner. Il doit s'agir, encore une fois, d'un texte apocryphe d'un auteur anonyme qui exploite le fait que Nicolas fut peut-être né à Pontoise. Ceci est repris dans le texte également apocryphe du *Breviere* : « [...] moi pauvre rural natif de Pontoise... »

Ce *Breviere* est cité par Dom Pernety dans sa *Lettre sur une histoire de Nicolas Flamel* de 1762, selon lui, d'après un manuscrit « de la propre main de Flamel, comme le même manuscrit le porte » ! Le *Breviere*, œuvre qui nous est connue aujourd'hui par deux manuscrits du XVIIIe siècle, l'un copié par le chevalier Denys Molinier « pensionnaire du Roy, amateur de la Science Hermétique », l'autre dans la collection Mellon, prend sa place parmi les inventions apocryphes attribuées à Flamel, simplement du fait qu'il cite constamment le *Livre*, qui, comme nous le démontrons au chapitre VIII, fut composé seulement en 1612. De plus, le texte se donne comme cadeau bénévole à un neveu bien-aimé, ce qui est en contradiction flagrante avec les relations tendues entre Nicolas et la famille de sa belle-sœur, comme nous l'avons vu au chapitre II :

> « Je Nicolas Flamel Écrivain de Paris cette année de 1414 du règne de notre prince benoist Charles VI lequel Dieu veuille bénir et après la mort de ma fidèle compagne Perrenelle, il me prend fantaisie et liesse en me recordant d'elle, d'écrire en grâce de toi, cher neveu, toute la maîtrise du secret de la Poudre de Projection ou Teinture Philosophale que Dieu a pris vouloir de départir à son chétif serviteur [...]
>
> [...] ce que avons œuvré Perrenelle et moi et que avons tant quéri par moult plus de vingt-trois ans en peine, sollicitude et labœur et qu'avons finalement repéré maîtrise à maintes reprises comme t'avons montré et que promis avons te bailler pour souvenance de nous deux et quand tu seras proche de mourir fais mettre ce livre en tes cendres... »

L'idée que ce neveu détesté aurait même assisté aux opérations du Grand Œuvre est tout à fait impossible. De plus, le texte est caractérisé par des tournures et un vocabulaire inconnu au XVe siècle. L'insistance, dans le *Breviere*, sur le secret rehausse l'atmosphère de mystère et de fruit défendu ; on ne peut plus distinguer entre texte alchimique ou légende. Le *Livre*, curieusement, semble également s'adresser dans sa deuxième partie à quelque jeune personne :

> « Or, mon fils, je te peux ainsi appeler, car je suis desja venu à grande vieillesse, et d'ailleurs, peut-estre, tu es fils de science. »

Dans les trois ouvrages — le *Sommaire*, le *Livre*, le *Breviere* — on remarque la critique caractéristique d'autres auteurs ou alchimistes considérés comme incompétents. Dans le cas du *Livre*, comme nous le suggérons au chapitre VII, ce fut probablement un des éléments d'une polémique particulière au début du XVIIᵉ siècle :

> « *Livre* : [...] ces figures et explications ne sont point faictes pour ceux-là qui n'ont jamais veu les livres des philosophes, et qui ignorans les principes métalliques, ne peuvent estre nommez enfans de la science.
>
> *Sommaire* :
>
> Je ne dy pas qu'aucun d'eux ment
> Mais seulement, sauf leurs honneurs,
> Pour certain, ce sont vrays jengleurs [...]
>
> [...] fols font ainsi,
> Et gens aveuglés sans raison,
> Comme on voit en mainte maison [...]
>
> Comme font un tas d'Alychymistes,
> Qui en sçavoir ne sont trop mistes [...]
>
> Et par leur folle fantaisie,
> Abusion et resverie,
> Le Mercure en cuide faire [...]
>
> *Breviere* : Voilà la maîtrise pleine au seul mercure qu'aucuns cuident non vraie pour ce que sont imbéciles et sourds, et que ne sont mie appris à engendrer telle besogne. »

Naturellement, d'innombrables autres éléments semblables se retrouvent dans tous ces textes, comme dans les sources alchimiques qu'ils citent. Parmi les thèmes les plus importants, citons à titre d'exemple celui des dragons. L'index de *l'Auriferae Artis* indique l'importance de ce symbole : *Draco noster ; Draco in circulum ductus ; Draconis enigma.* Dans la *Scala Philosophorum,* nous lisons : *Et iste draco, id est, sulphur, extrahitur de corpore per magistrum...* Dans le *Livre,* ces dragons sont presque omniprésents :

> « Contemple bien ces dragons. [...] Le premier est appelé soulfre ou bien calidité et siccité, et le dernier argent vif ou frigidité et humidité... »

Nous les retrouvons dans le début du *Sommaire* :

> « Dont plusieurs hommes de science
> Ces spermes là, sans doutance,
> Ont figurez par deux dragons,
> Ou serpents pires, se dict on :
> L'un ayant des ailes terribles,
> L'autre sans aile, fort horrible... »

comme dans le *Breviere* :

> « Comment est donc que faut bailler à manger de l'or à nostre vieux dragon ? »

Les couleurs symboliques aussi sont inspirées par des réactions réellement observées dans des expériences chimiques. Dans *l'Avicennae Tractatulus,* compris dans le recueil de *l'Auriferae Artis,* nous lisons que : *Tresquippe sunt colores principales, niger, albus et citrinus...*

Le *Livre* nous présente :

> « La figure d'un homme semblable à celle de saint Paul, vestu d'une robbe blanche citrine bordée d'or, tenant un glaive nud, ayant à ses pieds un homme à genoux, vestu d'une robbe orangée, blanche noire, tenant un rouleau. »

Toujours dans *l'Auriferae Artis,* le *Liber compositione alchemiae quem edidit Morienus Romanus, Calid Regi Aegyptiorum...* nous fournit des passages colorés tels celui-ci :

> *Respice Rubeum completum, et Rubeum ab sua rubedine diminutum, omnemque rubedinem : considera quoque citrinum completum, et citrinum ab sua citrinitate diminutum, omnemque citrinitatem : et nigrum...*

PHILOSOPH.   145

para rectificando magisterium conquirendo. Diuide ergo lapidem in duas partes principales, videlicet in partem superiorem superius ascendétem, & spiritualem, & aeream, & inferiorem viam, & terrenam: & tamen istæ duæ partes sunt vnius naturæ, quarum diuisio est necessaria ad perpetranda miracula rei vnius naturæ, id est, generationis lapidis philosophorum. Nam pars inferior terrea illius est nutrix & fermentum, totum lapidem figens: & pars eius superior est anima totum lapidem viuificans. Ad hanc diuisionem facien dam in furno philosophico inferius specificato, requiritur calor debitus & nutritiuus, ac continuus, scilicet per denam & quindenam, & quanto diutius, tanto melius perficitur digestio aquæ, ex qua oritur æs nostrum.

Et omne æs est sulphur, sed non omne sulphur est æs. quia sulphur naturæ sulphuribus continetur. & omne aurum est æs, sed non omne æs est aurum: sicut omnis homo est animal, sed non omne animal est homo: quia de genere ad speciem, vt Plato dicit, non est bona consequentia. Hæc enim aqua nostra est clauis artis, & caput operis, & spiritus & anima, & corpus æs nostrum componunt. Et dicuntur aliàs fratres vterini, quia procedút de eodem vtero. Et cum habueris aquam

k k

Scala Philosophorum, *p. 145 de l'*Auriferae Artis *(1572)*.

Comparons l'exultation à la réalisation du Grand Œuvre, vers la fin du *Livre* :

« Loué soit Dieu, qui nous a fait grâce de voir cette belle, et toute parfaicte couleur purpurine, cette belle couleur du pavot sylvestré du rocher, cette couleur tyrienne estincellante et flamboyante... »

Il est intéressant peut-être de donner, à côté d'un passage du *Sommaire*, un court extrait du début des *Annotationes*, traduction latine abrégée du *Sommaire* publié en 1583 par G. Dorn dans son *Trevisanus de Chymico miraculo*, et rejeté par Poisson comme « apocryphe ».

Sommaire :
Qui veult avoir la congnoissance
Des metaux et vraye science,

Comment il les faut transmuer,
Et de l'un à l'autre muer,
Premier il convient qu'il cognoisse
Le chemin et entiere adresse
De quoy se doivent en leur miniere
Terrestre former, et maniere.
Ainsi ne faut il point qu'on erre,
Regarder ès veines de terre
Toutes les transmutations,
Dont sont formez en nations ;
Par quoy transmuer il se peuvent
Dehors les minieres ou se treuvent
Estant premiers en leurs esprits :
Assavoir, pour n'estre repris,
En leur souphre et leur vif argent,
Que Nature a faict par art gent.
Car tous metaux de soulphre sont
Formez et vif argent qu'ilz ont.
Ce sont deux spermes des metaux,
Quels qu'ils soyent, tant froids que chauds ;
L'un est masle, l'autre femelle,
Et leur complexion est telle.
Mais les deux spermes dessusdicts
Sont composez, c'est sans redicts,
Des quatre elemens, seurement ;
Cela j'afferme vrayement.
C'est a sçavoir le premier sperme
Masculin, pour sçavoir le terme
Qu'en philosophie on appelle
Soulphre, par une façon telle ;
N'est autre chose que element
De l'air et du feu seulement.
Et c'est le soulphre fix semblable
Au feu sans estre variable,
Et de nature metallique :
Non pas soulphre vulgal inique,
Car le soulphre vulgal n'a nulle
Substance, qui bien le calcule,
Metallique, a dire le vray,
Et ainsi je le prouveray.
L'autre sperme qu'est feminin,
C'est celuy, pour sçavoir la fin,

Qu'on a coustume de nommer
Argent vif, et pour vous sommer,
Ce n'est seulement que eau et terre... »

Annotationes : Ad metallorum vera cognitionem ignorandum non erit, dum in primis ad huc speciebus existunt, in suphure videlicet, ac in argento vivo duas habere formas, unam masculeam, alteram vero femineam, quae duo spermata maris atque fœminae, suphuris prius, elementa masculina duo continet, ignem et aerem : posterius alia duo fœminae, terram et aquam...

(La version du *Sommaire* publiée par Préaud[2], sans indication de source, est bien plus prolixe ; de plus, il y a une confusion entre air et terre, ce qui rend le passage incompréhensible !)

A l'origine du *Sommaire*, il y a des textes tels la *Semita Semitae* d'Arnauld de Villeneuve :

« [...] Apprends que le Mercure est le sperme cuit de tous les métaux ; sperme imparfait quand il sort de la terre, à cause d'une certaine chaleur sulfureuse... »

Pour résumer le monde de l'alchimie, vers le début du XVe siècle, citons, d'après l'édition de Gohory de 1561, la *Ballade du secret des philosophes*. Cette ballade, dans la forme typique de l'époque, telle que la pratiquèrent Eustache Deschamps ou Christine de Pisan, réunit la science hermétique et la poésie :

« Qui les deux corps veulx animer,
Et leur Mercure hors extraire,
L'ardant d'iceulx bien sublimer,
L'oysel volant apres retraire :
L'eau te convient par art detraire,
Des deux unis perfaitement,
Puis le mettre en vas circulaire
Pour fruict avoir tresexcellent.

Le pellican fault permuer :
De son vaissel ne me puis taire.
N'oublie pas le circuler,
Par feu subtil de tresbon aire :
Le fuyant te faudra fix faire,
Et le fix encores volant.

Don viendra, par temps, luminaire,
Pour fruict avoir tresexcellent.

Pas ne fais ce sans alterer,
Nature, par voye contraire :
Car autrement ne peux muer
La substance, et teincture faire.
En fin luy fault electuaire,
D'autre corps noble et transparent.
Nature est commun exemplaire,
Pour fruict avoir tresexcellent.

Prince, cognois de quel agent
Et patient tu as affaire,
Pour fruict avoir tresexcellent. »

Le *Breviere* va bien plus loin que le *Livre* quant aux « secrets » révélés. La fabrication de l'argent et de l'or est seulement le début de ce qui est possible à l'alchimiste. Une série de recettes à la fin du texte nous explique qu'on peut aussi transmuer « cailloux en rubis fins et cristal de minière ou roche » ; en appliquant une solution de six grains de poudre rouge dans dix pintes d'eau de rosée tiède, on peut avoir les fruits du printemps en hiver. On peut même préparer, avec la « poudre de projection », un élixir qui protège de toutes maladies et prolonge la vie. Pourtant, nous rassure E.-Ch. Flamand[3], « seuls quelques adeptes, ayant une mission particulière à accomplir, usent de cette possibilité de longévité » !

NOTES

1. Pour des détails plus précis sur les ouvrages mentionnés dans ce chapitre, voir la *Bibliographie.*
2. M. Préaud, *Nicolas Flamel, op. cit.*
3. E.-Ch. Flamand, *Nicolas Flamel, Œuvres,* Paris, 1973.

Chapitre VII

DES LIVRES

« Gens de bon cœur, nostre venue
Doner ne vous doibt desplaisir.
Si une fois avez cognue
La verité, cachée et nue
En noz escriptz, aurez plaisir. »

(La Transformation métallique,
1561.)

Le *Livre des Figures hiéroglyphiques* surtout. Car ce *Livre,*
publié pour la première fois en 1612 par un certain Arnauld
de la Chevalerie, gentilhomme poitevin, forme la base de presque toute la critique, de toute la légende de Flamel jusqu'à
nos jours. L'abbé Villain, cependant, qui connaissait Flamel
comme personne d'autre, grâce à ses recherches méticuleuses
dans les archives de Saint-Jacques, était mieux placé que nous,
quand il écrivait en 1761, flairant une supercherie :

> « Il y a, ce semble, un fondement légitime de penser que
> l'Auteur de cette piece pourroit n'avoir arrangé son histoire
> que dans le commencement du dernier siècle, & que le Gen-
> tilhomme Poitevin qui en 1612 l'a donnée comme étant la
> traduction d'une pièce latine qui n'avoit jamais été impri-
> mée, en pourroit être lui-même l'Auteur [...] on n'a jamais
> vu cette piece latine[1]. »

Aucun manuscrit, donc. Seulement un texte imprimé dans
un recueil assez curieux, entre le *Secret Livre du très-ancien*

Philosophe Artephius, texte latin avec traduction française, et le *Vray Livre du docte Synesius Abbé Grec,* traduction française sans texte original. Comme nous le verrons, le « cas Flamel » est jalonné de manuscrits et de livres apocryphes surtout des XVIIᵉ et XVIIIᵉ siècles, et il y a lieu de se méfier. La plupart du contenu du *Livre des Figures* pourrait être tiré tout simplement d'éléments connus sur cet éminent Parisien et d'observations sur les monuments publics érigés par lui, le tout largement dosé d'explications et d'interprétations alchimiques, provenant d'une lecture attentive du véritable flot de publications sur la science occulte, qui se manifestait depuis le milieu du XVIᵉ siècle.

Villain, déjà, avait trouvé quelques bonnes raisons pour émettre des objections, en dépit de son parti pris. Le *Livre* propose aux lecteurs, qui voudraient « voir l'estat de mon arrivée et la joye de Perenelle » à son retour du pèlerinage de Compostelle, de les contempler « en cette ville de Paris sur la porte de la chapelle Saint-Jacques-de-la-Boucherie, du costé et tout auprès de ma maison, où nous sommes peints ». Villain répond :

> « Flamel et Pernelle sont sur cette porte en sculpture, & non en peinture. Ni la joie, ni la tristesse ne se font appercevoir sur leurs visages, on y voit un air de gravité convenable...². »

et d'ajouter que Flamel dit toujours *église* Saint-Jacques dans son *Testament,* et ne l'aurait pas appelé « chapelle ». Villain doute même que Nicolas soit jamais allé en Espagne :

> « Si Flamel s'est jamais fait figurer en habit de Pèlerin, c'est à cette occasion qu'il auroit dû le faire. Cependant, il est en habit bourgeois, tel qu'il convient au costume de son temps³. »

On peut avancer d'autres objections évidentes. Arnauld, dans sa préface, nous débite des raisons spécieuses pour justifier l'absence d'une version « originale » en latin dans son texte :

> « Je t'eusse (amy lecteur) donné ces commentaires aussi bien latins françois, que j'ay fait Artephius, mais à cause des diverses figures qu'il faut souvent représenter je n'ay peu te les

bailler qu'en une langue. Car il eust été grossier de mettre les figures en tous les deux textes latins et françois, ou de n'en mettre qu'en un. Et n'en mettant qu'en un, les figures occupans l'espace, eussent empesché que le latin et françois ne se fussent bien rencontrez aux feuillets, j'ay donc esté contraint de te les bailler en cette cy seulement. Or, j'ay choisi la françoise, afin que premièrement tous bons françois les puissent entendre librement, et par ainsi se retirer de leurs erreurs et despences, afin que ce Livre ne coure point aux nations estrangeres qui en sont très curieuses, à comparaison de la françoise. »

Vraiment, cette explication est trop élaborée. D'abord il y a très peu de « figures » dans le texte : il y a une planche dépliante pour illustrer l'Arcade de Flamel dans son intégralité, puis quelques éléments de celle-ci répétés assez gratuitement en tête des chapitres qui divisent le texte. Ces répétitions ajoutent peu à l'argument, et il n'y a pas de suggestion qu'elles aient fait partie du texte dans une source « originale » en latin. Arnauld n'était pas du tout « contraint » de les insérer et il l'a fait entièrement de son propre choix. L'explication est purement inventée pour duper le lecteur. De plus, les textes hermétiques circulaient librement, surtout en France, en Allemagne, en Suisse et en Angleterre ; cela n'aurait donc pas été réaliste d'imaginer qu'il serait possible de garder ces « secrets » pour les seuls Français. L'existence de nombreux textes en langues vulgaires (français, allemand, anglais) aussi bien qu'en latin aux XVIe et XVIIe siècles prouve qu'il existait un besoin de traduction afin d'assurer une diffusion (et une vente) suffisante ; cependant, il aurait été impensable pour un érudit, au début du XVIIe siècle, de faire publier une traduction d'un texte important, nouvellement découvert et inconnu de tous, avant d'en imprimer le texte original en latin. Notons que, malgré sa promesse en 1612 de donner le texte « aussi en latin », on n'avait toujours rien vu en 1659 !

Dans le *Livre*, des interprétations « philosophiques » sont proposées de tous les éléments de l'Arcade des Innocents, le tout lié aux images du mystérieux livre d'Abraham le Juif que Flamel aurait acheté bon marché dans sa jeunesse et qui aurait tellement influencé sa vie. Or, plusieurs de ces éléments se retrouvent sur d'autres façades et portails érigés par Flamel, sans qu'il ait écrit d'autres *Livres* pour en fournir des interprétations parallèles. Prenons, par exemple, les anges musiciens :

> « Il n'est pas besoin d'interpréter que signifient les deux Anges joüans des Instrumens sur la teste des ressuscitez, ce sont plutost des esprits divins, chantans les merveilles de Dieu en cette opération miraculeuse, qu'Anges nous appellans au jugement. Tout exprès pour en faire différence, j'ay donné un luth à l'un et à l'autre une buccine, non des trompettes qu'on leur donne tousjours pour appeler au jugement... »

Il ne s'agit pas du tout d'appeler au Jugement, pour ses deux petits anges assis aux pieds de Dieu, sans aucun rapport avec les anges de l'Apocalypse ! Ces anges chantent la gloire de Dieu de façon tout à fait conventionnelle, comme ceux du portail Saint-Jacques, ou ceux de la façade de la maison au 51 rue de Montmorency.

Quant aux figures des donateurs, Nicolas Flamel et sa femme, agenouillés de chaque côté du Créateur, comme toujours dans les sculptures, peintures et monuments non seulement du Moyen Age, il est tout à fait impossible d'avancer, comme le fait le *Livre*, que « Je pouvois aussi bien faire peindre un homme qu'une femme, ou un ange. » Cela aurait été impensable, sur un monument funéraire, de représenter un donateur marié sans sa femme. Sur les monuments funéraires en cuivre anglais, on peut même trouver des effigies de mari accompagné d'une femme de chaque côté, s'il en avait eu plus d'une ! De même, la proposition de contrebalancer l'image de Flamel avec la représentation d'un ange contredit entièrement l'esprit de symétrie qui caractérise ce genre.

En dessous du panneau principal de cette Arcade, on voit une suite de cinq petits panneaux ou bas-reliefs certainement curieux : « deux dragons unis » représentant, selon l'interprétation « théologique », « les pechez qui naturellement sont entrecathenez » ; un homme et une femme, signifiant « que l'homme et la femme ne doivent pas avoir leur espoir en ce monde » ; deux hommes et une femme « résuscitans, desquels l'un sort d'un sépulcre », représentation traditionnelle du Jour du Jugement ; deux anges portant un rouleau *Surgite mortui, venite ad judicium Domini mei* (Morts, levez-vous, venez au Jugement de mon Seigneur) ; un lion rouge rugissant penché sur un « malheureux pécheur », peut-être représentant le diable, qui « l'engloutira et emportera ». Comme interprétation « philosophique » du deuxième de ces petits panneaux, le *Livre* nous fournit une explication particulièrement naïve :

> « L'homme dépeint icy me ressemble tout exprès bien au naturel, tout de mesme que la femme figure très naïvement Perrenelle. La cause pourquoy nous sommes peints au vif n'est pas particulière. Car il ne falloit représenter que le masle et la femelle, à quoy faire nostre particulière ressemblance n'y estoit pas nécessairement requise. Mais il a pleu au sculpteur de nous mettre-là, tout ainsi qu'il a faict aussi en cette mesme arche aux pieds de sainct Paul et sainct Pierre, selon que nous estions en notre adolescence, et encore ailleurs en plusieurs lieux, comme sur la porte de la chapelle Sainct Jacques de la Boucherie, auprès de ma maison [...] comme aussi sur la porte de Sainte Geneviève des Ardans où tu pourras me voir. »

Cette idée de représenter deux fois les donateurs de l'Arcade, une fois en prière des deux côtés de Dieu (comme aux Innocents) ou de la Vierge (comme à Saint-Jacques), puis de les représenter une deuxième fois dans leur vieillesse, est encore une fois étrangère aux traditions du Moyen Age.

Quant au lion rouge, ici, l'imagination de l'auteur du *Livre*, pour une fois, lui fait défaut :

> « Je l'ay plustost faict mettre pour le seul sens Théologique que pour l'autre. »

Il y a une incongruité dans le texte même quant à la date de sa composition. Le début nous annonce :

> « Encore que moy Nicolas Flamel, escrivain et habitant de Paris, en cette année mil trois cens quatre-vingts et dix-neuf (1399)... »

Cependant, quelques pages plus tard, nous lisons :

> « Lors que j'escrivois ces commentaires en l'an mille quatre cens treize (1413) sur la fin de l'an, après le trespas de ma fidelle compagne... »

1399 ou 1413 ? D'ailleurs, en 1413, Pernelle, la « fidelle compagne », était morte depuis seize ans (1397). Si nous lisons attentivement la longue suite d'actes, saisies, échanges de rentes, permissions de bâtir, acquittements, rapports, testaments, codicilles, disputes, procès, litiges, etc., fidèlement rapportés par le studieux abbé Villain, sans compter le travail quotidien de copie et de reliure de centaines de livres et de documents, nous pouvons bien nous demander si Nicolas Flamel aurait jamais eu le loisir de composer une œuvre aussi longue et complexe que le *Livre*.

Cette page continue en énumérant tous les bâtiments construits et bonnes œuvres effectuées par Flamel, comme résultat de sa fabuleuse richesse :

> « [...] elle et moy avons desja fondé et renté quatorze hospitaux en cette ville de Paris, basti tout de neuf trois chapelles, décoré de grands dons et bonnes rentes sept églises, avec plusieurs reparations en leurs cymetières, outre ce que nous avions faict à Boloigne qui n'est pas guieres moins que ce que nous avons fait icy... »

La liste est totalement exagérée et ne correspond pas à la réalité d'après les bâtiments mêmes et les archives de Saint-Jacques. A Boulogne près de Paris, ou à Boulogne-sur-Mer, a-t-on jamais entendu parler de Flamel et de ses dons ?

On pourrait ajouter que l'image proposée par le *Livre*, d'un ménage plus qu'harmonieux où la femme aurait aidé son mari, nuit et jour, pendant des années à réaliser son rêve, ne correspond pas à ce que nous savons des ménages du XVe siècle :

> « Ma femme Perenelle que j'aymois autant que moy-mesme, laquelle j'avois espousée depuis peu, estoit tout estonnée de celà, me consolant et demandant de tout son courage, si elle me pourroit délivrer de fascherie. Je ne peus jamais tenir ma langue, que ne luy disse tout, et ne ly montrasse ce beau livre, duquel à mesme instant que moy-mesme, prenant un extrême plaisir de contempler ces belles couvertures, graveures d'images et de portraits, ausquelles figures elle entendoit aussi peu que moy. [...]
>
> [...] Je l'ay parfaicte trois fois avec l'ayde de Perrenelle, qui l'entendoit aussi bien que moy, pour m'avoir aydé aux opérations, et sans doute si elle eust voulu entreprendre de la parfaire seule, elle en seroit venue à bout... »

L'alchimiste demande même la permission de sa femme pour faire son voyage en Espagne sous prétexte de pèlerinage, afin de chercher « quelque Sacerdot Juif, en quelque synagogue d'Hespaigne », qui saurait lui fournir la bonne interprétation des dragons, serpents, rosier fleuri, Fontaine d'eau très-blanche, homme aux talons ailés, vieillard à la faux, roy au coutelas, Soleil et Lune, etc. qu'il voyait dans son « livre doré vieux et beaucoup large » :

> « Donc avec le consentement de Perrenelle, portant sur moy l'extraict d'icelles, ayant pris l'habit et le bourdon, en la mesme façon qu'on me peut voir au dehors de cette mesme arche. [...] Donc en cette mesme façon je me mis en chemin... »

Non que tous les ménages doivent ressembler à celui, terrible, des *Quinze Joies de Mariage*, mais ce portrait dépasse les bornes du possible, malgré le *don mutuel* de 1373 « à cause des grands & agréables services que l'un apporte à l'autre, depuis la célébration de leur mariage, & porte à présent[4] ». On voit mieux la réalité de la relation entre homme et femme dans l'*Acte* du 5 août 1396 rédigé par Pernelle « autorisée sur ce du dict Nicolas[5] ». Le *Codicille au Testament* de Pernelle du 4 septembre 1397, d'ailleurs, parle de son « Seigneur et mari[6] ».

Des raisons plus convaincantes pour l'authenticité du *Livre* semblent être présentées par Canseliet, dans son introduction à l'édition de Préaud (1970). La citation de Borel (1655), qui aurait « sans doute » eu entre les mains un manuscrit rappelant un précédent travail du même genre que le *Livre*, n'apporte rien de précis :

> *Nicolai Flamelli quaedam Hieroglyphica, et Carmina que in variis Lutetiae lapidus olim visebantur, vel quae ad huc super sunt, alia ab iis quae in lucem prodierunt, MS ut et eius processiones.* (Les Hiéroglyphiques de ce Nicolas Flamel, et les vers que l'on voyait jadis sur plusieurs monuments à Paris, y compris ceux cités dessus et autres qui sont encore visibles, dans des manuscrits et dans ses processions[7].)

La référence aux hiéroglyphiques et à la « Carmina » du *Sommaire* n'ont rien de surprenant en 1655. Les « processions » peintes aux Innocents étaient également connues de tous. Rien ne nous autorise, dans ce vague souvenir de Borel, à conclure que sa mention « implique implicitement qu'il les rédigea en latin »[8].

Ensuite Canseliet nous rapporte une bien curieuse histoire, dans le genre de confusion créée déjà par les « adeptes » du XVIIᵉ siècle. Il s'agit d'un Robert Buchère qui, en 1914, aurait découvert à Toulon une traduction différente de la présumée source latine du *Livre*, dont il fit une copie avec cette référence :

« *Le Livre des Figures hiéroglyphiques* de Nicolas Flamel, écrivain. Traduit du latin en français, par N. Perrot, sieur d'Ablancourt. A Paris, chez Augustin Courbé, en la galerie des merciers, à la Palme, 1660. »

Voilà une belle preuve de l'existence d'une deuxième traduction confirmant « l'authenticité d'un ouvrage original en latin, contre l'hypothèse de pastiche de l'abbé Villain » ! Or, personne n'a jamais vu ce livre qui ne figure dans aucun catalogue. N. Perrot semble être un personnage aussi intangible qu'Arnauld de la Chevalerie. L'adresse de l'imprimeur n'était pourtant pas difficile à trouver : ce fut bien « A Paris, chez Augustin Courbé[9], en la petite salle du Palais, à la Palme » que sortit, en 1655, le *Trésor de Recherches* de Pierre Borel. Même en admettant l'existence d'une deuxième version du *Livre* publiée en 1660, rien ne nous garantit l'indépendance de l'édition, dans cette ambiance confuse d'emprunts, de rééditions, de supercheries et de farces qui caractérise, au moins dans le domaine des livres alchimiques, le XVIIᵉ siècle.

Dernier grand argument de Canseliet :

« Trois alchimistes normands, Grosparmy, Valois et Vicot, qui *labouraient* ensemble à Flers, à la fin du XIVᵉ siècle et dans la première moitié du suivant, possédaient et tenaient en grand estime *Le Livre des Figures hiéroglyphiques* de Nicolas Flamel. Dans leurs œuvres restées manuscrites, ils invoquent fréquemment l'autorité de leur confrère *parisien* en le présentant sous ce dernier vocable.

"Par ainsi calcine ton corps en trois jours : ce que le juif par la denotation du parisien figurait par son livre contenant trois fois 7 feuillets" (B.N., f. fr. 12298, p. 54).

"Aiez aussi un compagnon fidelle, et en meurs vous ressemblant, si mieux n'aviez une seconde Perrenelle, mais ce sexe est hasardeux et à craindre" (B.N. f. fr. 12298, p. 147).

Le *Grand Olimpe*, traduit et commenté, "achevé d'escrire ce 26 mars l'an 1430", désigne, clairement, l'alchimiste de Paris, par son patronyme : "Et ses ames qui dedans leurs corps sont remises, voy Flamel en son arche"[10].»

Cela semble impressionnant. Il aurait pu ajouter :

« Et quant par un Juif Flamel eut explication de ces tableaux, pourtant sut il long temps premier qu'a icelle venir, car tout ouvrier tant bien endoctriné soit il, doit moult contribuer de son labeur avec patience, constance, et ferme foy en Dieu » [B.N., f. fr.12298, pp. 129-130].

Mais, à la Bibliothèque nationale, que trouve-t-on ?

« MSS. 12298-12299 *La Clef du secret des secrets* : recueil de traités cabalistiques des "seigneurs" de Grosparmy, de Vallois, avec le Sr Nicolas Vicot, chapelain. Miniatures sur vélin dans les deux volumes. XVIIᵉ siècle. Papier. 288 et 253 ff [...] Rel. maroquin rouge, au chiffre de "François d'Enguerran de Boisdauphin".»

Il s'agit encore une fois d'un recueil du XVIIᵉ siècle. Nous retrouvons ce monde de « seigneurs », de curés chapelains, de docteurs en médecine amateurs d'occultisme, ce monde où l'on invente n'importe quoi, que ce soit comme divertissement ou comme moyen d'appuyer l'authenticité et la « vérité » des secrets arcanes transmis du passé. Les deux tomes sont écrits dans un français du XVIIᵉ siècle, malgré la prétention du copiste, à la fin du texte, d'avoir « extraict [...] mot apres mot » d'un original daté 1449. La Notice en encre rouge, ajoutée en guise de préface par François d'Enguerran de Boisdauphin en 1665, contient un élément de mystère quant aux origines des documents présentés, élément qui devrait nous mettre immédiatement en garde devant une supercherie évidente :

« Tous ces livres contenus en deux Volumes qui traitent a la lettre du Magistère des Sages et qui ont esté composez par trois Autheurs differents, et qui tous trois l'ont accomply ont esté laissez comme par testament, par le plus illustre d'Entr'Eulx, a ses Enfans et a leur posterité, lesquels m'en ont saisy, et mis en possession moyennant certaines conditions ausquelles j'ay satisfaict, et dont j'ay acte pardevant [Notaires] de Paris. 1665. »

Alleau aurait dû hésiter avant de féliciter Canseliet, dans sa préface, de son étude « savante et bien documentée[11] ». On ne voit que trop l'influence de « notre vieux maître Fulcanelli[12] ».

Existe-t-il des liens vérifiables entre Nicolas Flamel et l'alchimie ? L'attention est surtout attirée par la mention, à la fin du manuscrit du *Livre des Laveures* (B.N., f. fr. 19978), qui fut certainement copié au XVᵉ siècle : « Ce present livre est et appartient a Nicolas [Flamel] de la paroisse Saint Jacques de la Bou[che]rie lequel il l'a escript et relié de sa propre main. » Il est parfaitement possible que Flamel eût copié un tel manuscrit ; cependant, l'on constate que cette mention a été ajoutée plus tard par une autre main. « Flamel » est écrit sur un endroit gratté ; « -cherie » de « boucherie » est également gratté, mais le « -che- » a été ajouté dans la marge droite par une troisième main ; il s'agirait donc, en toute probabilité, d'un faux. L'écriture ne ressemble en rien à celle des pages calligraphiées des manuscrits du duc de Berry. Autre particularité de ce manuscrit : le feuillet original 20 manque et a été remplacé par un feuillet double plus récent en écriture cursive, probablement du XVIIᵉ siècle, qui fournit le texte manquant (ceci n'est pas mentionné par Flamand, dans son édition modernisée, pp. 127-128), ce qui indique l'existence d'une autre source, aujourd'hui perdue. Les marges supérieures et inférieures, plus le dernier feuillet de garde, sont bourrées d'annotations en écriture cursive, probablement du XVIᵉ siècle. Même si Flamel copia ce texte, il y a peu de chance que ce manuscrit soit de sa propre main.

On retrouve les traces de la deuxième source dans le manuscrit 2263 de la Bibliothèque de Sainte-Geneviève, copié au XVIIᵉ siècle. Aux feuillets 90r-99r apparaissent les six dernières sections du *Livre des Laveures,* suivies par la mention, ff. 98v-99r : « Ce livre est et appartient à Nicolas Flamel, de la paroisse Saint-Jacques de la boucherie qui [l'a] escrit et relié — de sa main propre l'an 1403. Signé audessoubs de sa main, et paraffé d'une Eff. Ainsi ce livre à *[sic]* esté transcrit sur l'original, et corrigé sur icelluy de mot à mot, laus D.O.M. et B.M.V. » Si ceci est vrai, il s'agirait d'une source manuscrite autre que B.N., f. fr. 19978, puisque ce manuscrit ne porte ni signature de Flamel ni paraphe d'un F. Il est peu probable que Flamel aurait copié, relié et retenu deux exemplaires du même ouvrage, ainsi tous les deux sont probablement apocryphes. De plus le manuscrit de Sainte-Geneviève 2264, le deuxième de deux volumes apparemment copiés par la même main, donne le texte entier du *Livre des Laveures* sans aucune référence à la source supposée.

Le *Grand Esclaircissement* aussi existe sous forme manuscrite, comme le *Sommaire philosophique* et le *Livre des Laveures*. Le *Sommaire* fait partie d'une suite de textes tardifs parfois attachée au *Roman de la Rose*. Cependant, encore une fois, il s'agit non de sources médiévales, mais de manuscrits copiés au XVIIe siècle et au XVIIIe siècle. Ce fait tend à confirmer l'inauthenticité de ces textes, plutôt que le contraire. Singer [13] donne, sans les vérifier, une liste d'une trentaine de manuscrits tardifs qui contiendraient « probablement » ces poèmes. La séquence typique serait :

1. *Roman de la Rose*, de Guillaume de Lorris et de Jean de Meung. Les longues digressions de Nature, dans Jean de Meung, contiennent des passages, satiriques ou non, sur l'alchimie et la transmutation des métaux.

2. *Remontrances de Nature à l'alchimiste errant*, attribué à Jean de Meung.

3. *Réponse de l'alchimiste à Nature*.

4. *Testament*, attribué à Arnauld de Villeneuve.

5. *Sommaire philosophique*, attribué à Nicolas Flamel.

6. *Autres vers touchant le mesme art*. Petite séquence de vers anonymes.

7. *La Fontaine des amoureux de Science*, de Jean de la Fontaine (1413).

8. *Ballade du secret des philosophes*. Anonyme, par sa forme poétique probablement du XVe siècle.

Tous ces textes furent imprimés en appendice dans son édition du *Roman de la Rose* par Méon. Suite au *Sommaire*, Méon ajoute quelques vers :

« [...] collationnés sur l'exemplaire d'un Amateur qui y avoit ajouté les vers qu'on lira plus loin dans cette édition ; mais plusieurs de ces additions ayant été portées sur de petits carrés de papier détachés, se sont perdues, et on n'a pas indiqué les endroits où il y a des lacunes[14]. »

Bel avertissement sur nos méthodes de recherche ! Méon, en plus, ne nomme pas ses sources ; celles-ci sont répertoriées au début du t. III dans la réédition, mais toujours de façon vague, par Raynouard, extrait du *Journal des Savants*[15].

Les vers cités par Méon sont ainsi :

« Suit le grant Esclaircissement
Et meilleur applanissement
De ce qu'avois je en mon sommaire
Par trop brief laissé de l'affaire.
Sommaire estoit, cil sera somme
Que de science et d'art je nomme :
Car y peings sans voile ne fart
Toute la science et tout l'art
Au faict des transmutations,
Dont est propos en nations
Sans que l'en sache bien quoy c'est.
Or le sçaura l'en net et prest
Là ou revise mes paroles,
N'obmettant nulles paraboles
Qu'au vray je n'en baille raisons
Philosophales. Commençons,
Mès que Dieu tout bon m'ait en ayde,
Afin que ma peine succède
A l'amoureux de verité
Par qui m'y suis exercité,
Par les principes et les causes,
Par sommaires et fortes gloses,
Y joignant sage theorie
Bien exposée et bien nourrie[16]. »

Méon ajoute : « *Le Grand Esclaircissement* est en prose, et on le trouve imprimé. » *Le Grand Esclaircissement* est précédé par quelques lignes en prose où l'on parle à la troisième personne de Flamel : « le fourneau philosophique, selon N. Flamel qu'il nomme *triple vaisseau...* ». La première édition de

1628, par Pierre Béraud à Paris, porte en fin de texte la mention « A Paris le 7 juillet 1466 » ; l'édition de 1728, pourtant, nous donne « En Allemagne, ce janvier 1425 ». Apparemment il ne s'agit pas de date de composition, bien que toutes les deux soient postérieures à la mort de Nicolas Flamel, en 1418. On remarque l'élément allemand ici, de première importance, comme nous allons le voir, pour le *Livre* de 1612.

NOTES

1. Abbé Villain, *Histoire critique de Nicolas Flamel...*, *op. cit.*, p. 30.
2. *Ibid.*, pp. 25-26.
3. *Ibid.*
4. *Ibid.*, p. 7.
5. *Ibid.*, pp. 52-53.
6. *Ibid.*, p. 64.
7. Borel, cité par Canseliet, dans M. Préaud, *Nicolas Flamel...*, *op. cit.*, p. 35.
8. Canseliet, *op. cit.*, p. 35.
9. Aug. Courbe figure dans une liste d'imprimeurs-libraires lyonnais du XVIIe siècle, dans F.-C. Lonchamp, *Manuel du Bibliophile français 1470-1920*, 2 vol., Paris et Lausanne, 1927 ; I, p. 570.
10. Canseliet, *op. cit.*, p. 32.
11. Dans M. Préaud, *op. cit.*, p. 22.
12. *Ibid.*, p. 27.
13. D. Singer, *Catalogue of Latin and Vernacular Alchemical Manuscripts...*, Bruxelles, 1928-1931.
14. M. Méon, éd., *Le Roman de la Rose*, 4 vol., Paris, 1813, t. IV, p. 105.
15. Octobre 1816.
16. M. Méon, *op. cit.*, IV, pp. 241-242.

Chapitre VIII

DE FAUX ET DE FAUSSAIRES :
ARNAULD DE LA CHEVALERIE

« Arquemistes se sont les foulx
Qui font de la lune cinq sous. »

(Sermon joyeux.)

Si le lecteur hésite encore, il reste un point capital : que la gravure illustrant la deuxième Arcade de Flamel présentée en 1612 par Arnauld dans son *Livre des figures hiéroglyphiques* ne correspond pas à la réalité telle que nous la trouvons dans le dessin fait par l'architecte Bernier en 1786[1], avant la démolition du cimetière des Innocents. Dans le dessin de Bernier, on remarque que saint Pierre, tenant ses clefs, est à droite de Dieu, du côté de Nicolas, et que saint Paul, tenant son glaive, est à gauche de Dieu, du côté de Pernelle. Arnauld, dans sa gravure reproduite maintes fois depuis, même par l'abbé Villain, échange crânement la position des deux saints pour soutenir sa thèse « hiéroglyphique » :

> « Il me falloit donc représenter un homme avec une clef, pour t'enseigner qu'il faut maintenant ouvrir et fermer, c'est à dire multiplier les natures germantes et croissantes. »

Quand l'auteur nous demande « pourquoy la figure de sainct Paul est à la main droite, au lieu où on a coustume de peindre sainct Pierre, et celle de sainct Pierre au lieu de celle de sainct Paul », c'est Arnauld qui parle, non Nicolas. Comment

Nicolas aurait-il fourni une description aussi inexacte de la sculpture que lui-même avait conçue ? Bernier n'avait aucune raison de mentir. Arnauld, par contre, en avait plusieurs. Sans doute s'attendait-il même à être découvert, à cause de cette erreur qu'il avait introduite exprès, malgré lui peut-être, guidé comme il l'était, par le besoin impératif de raconter dans le bon ordre les divers processus de la transformation métallique. Si on lisait la sculpture de gauche à droite, cela ne l'arrangeait pas de trouver ses hommes au glaive et à la clef du mauvais côté ! Non seulement inversa-t-il la position des deux saints, mais également celle des bas-reliefs et petits panneaux en dessous. Il fallait bien mettre les deux dragons, qui se trouvaient à droite dans la sculpture de Flamel, du côté gauche pour se conformer encore une fois à l'ordre traditionnel des opérations alchimiques.

Arnauld de la Chevalerie, Livre des figures hiéroglyphiques *(1612).*
Gravure illustrant la deuxième Arcade de Nicolas Flamel au cimetière des Innocents, mais avec inversion des saints Pierre et Paul ainsi que des bas-reliefs.
(Voir le dessin de Bernier, 1786).

Le fameux *Livre des Figures hiéroglyphiques*, qui prétend donner un sens alchimique aux dessins de l'Arcade de 1407 aux Innocents, est ainsi une invention de 1612. Cette invention, astucieuse il faut bien le dire, fut le fait d'un inconnu nommé Arnauld de la Chevalerie, qui connaissait déjà le *Sommaire*, imprimé depuis 1561. Mais que pouvons-nous savoir à son propos ?

Dans le *Livre*, on remarque tout de suite quelques particularités. En effet, Arnauld de la Chevalerie, qui se donne pour traducteur, fait imprimer deux fois son *Livre*, dans des établissements différents à Paris l'année 1612 : chez la veuve M. Guillemot et S. Thiboust, et chez Guillaume Marette. Nous ne savons rien des circonstances, s'il s'agissait de publication simultanée ou de suite à cause d'une brouille, par exemple. En tout cas Arnauld était muni en bonne et due forme du Privilège du Roi, essentiel à cette époque pour toute publication. C'est ce document, reproduit au début du livre, selon la coutume, qui nous fournit le prénom de l'auteur :

> « Il est permis et accordé par privilège special à PIERRE ARNAULD sieur de la Chevallerie en Poictou, de faire Imprimer comme bon luy semblera, *Trois Traittez non encor imprimez...* »

Ce Privilège est daté du 12 mars 1612. Malgré le fait que son effet fut limité à une durée de dix ans, il fut reproduit au début des rééditions de 1659 et de 1682. En 1659, cependant, chez T. Jolly, l'auteur révisa son introduction au *Secret Livre* d'Artephius, qu'il donna en latin et en français, comme le texte, pour y introduire une référence au *Theatrum Chemicorum*, qui venait de sortir cette même année 1659 ; il y cite également Roger Bacon et Paracelse. Nous savons que c'était toujours Arnauld qui s'occupait de cette révision, puisque en dernière page, après le *Vray Livre* de Sinésius, nous lisons : « Achevé d'imprimer aux frais et despens du Sieur Traducteur, ce 6 avril 1659. »

Donc Arnauld s'occupait toujours de textes « philosophiques » quarante-sept ans après son premier essai, et était toujours suffisamment fier de son *Livre*, ou pensait pouvoir encore en tirer quelque profit en 1659. Si nous acceptons qu'en 1612

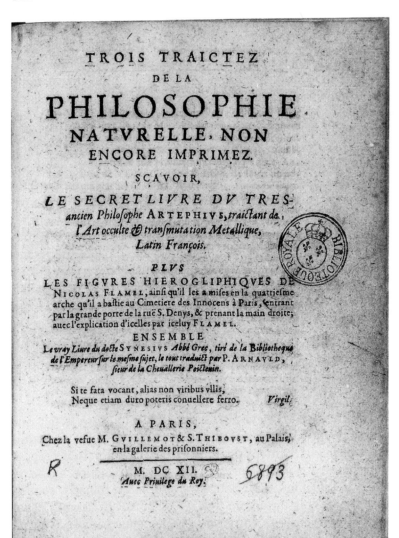

Arnauld de la Chevalerie, Trois Traictez. *Édition de 1612.*

il aurait eu au moins trente ans, et donc suffisamment d'expérience et de connaissances pour recueillir, traduire, et éditer d'anciens textes, cela veut dire qu'en 1659, vers la fin de sa vie et de sa carrière occultiste, il aurait eu à peu près soixante-dix-sept ans. On peut remarquer que l'édition de 1682, chez

L. d'Houry, bien qu'elle répète la mention de 1659 à propos des « frais et despens », omet à la première page le nom d'Arnauld et ajoute, en lettres majuscules : « dernière édition ». Arnauld était mort et ne ferait plus de révisions ; la dernière édition était-elle en quelque sorte un hommage au mystérieux auteur ?

Qui était donc cet « Arnauld de la Chevalerie, gentilhomme poitevin » ? Aucun chercheur n'a réussi à l'identifier, ni à relever ses traces. Si c'était un imposteur, ou bien un pseudonyme, peut-on proposer des candidats pour la paternité du fameux *Livre des Figures hiéroglyphiques* ? Deux Pierre (non philoso-phales, bien que philosophes) se présentent :

— Pierre Borel, qui, en 1654, publia sa *Bibliotheca chimica*, grand catalogue d'œuvres alchimiques, chez ce même Thomas Jolly qui assura l'édition de 1659 du *Livre* d'Arnauld.

— Pierre Béraud, qui, en 1628, fit imprimer à Paris *Le Grand Esclaircissement de la pierre philosophale pour la transmutation de tous les métaux, par Nicolas Flamel*. Ce texte est apocryphe, extrait d'une œuvre de Christophe *Parisien* (Christophus Parisiensis), selon Borel[2].

Il y a une raison particulière pour choisir Pierre Béraud. A part l'intérêt partagé par Béraud et Arnauld pour Flamel, et leur passion mutuelle pour les vieux livres et les manuscrits sur les sciences occultes et les transmutations métalliques, il y a une similitude de préoccupation et de style entre les préfaces des deux livres. En 1628, Béraud-Arnauld aurait fait carrière, peut-être dans l'administration royale, assez en tout cas pour lui permettre de dédicacer son œuvre, dans le style pompeux requis par ce genre, à « Monseigneur Gayant, Seigneur de Varastre, & de la Bourdiniere, Conseiller du Roy en ses Conseils d'Estat & Privé, & en sa Cour de Parlement Président és Enquestes d'icelle. »

Surtout, à la quatrième page de sa préface au Lecteur, Béraud écrit :

> « Si ie voy que vous l'ayez agreable, i'espere, aydant Dieu, qu'en suitte de ce Traicté, i'en feray imprimer quelques autres, que vous ne treuverez pas moins utiles que cetuicy. »

Ce passage rappelle de façon étonnante la phrase d'Arnauld :

« Or, si je voy que tu y prenne plaisir, je te les donneray aussi en latin... »

Tous les deux donnent des préfaces dans lesquelles ils s'adressent « au lecteur ». Dans chaque texte, il y a un appel à ce lecteur, simplement « lecteur » pour Béraud, « amy lecteur » pour Arnauld. Tous les deux finissent par « Adieu ».

Béraud écrit : « Le bon-heur ayant donc voulu pour moy que ses Livres me soient tombez entre les mains... », ce qui rappelle le détail donné par Arnauld :

> « [...] laquelle avec ceux-ci j'ay par grandes sommes de deniers, recouvrée de mains très curieuses et qui les ont jusqu'à présent conservées aussi chères que la pierre mesme... »

Béraud invite ses lecteurs à : « [...] pénétrer dans les secrets mystères de Dieu. Qu'il vous suffise que vostre *œuvre* ne sera iamais si *grande*, que lors que vous la rapporterez à sa gloire... »

Arnauld finit sa préface par une sorte de prière : « Et toy, ô Dieu tout puissant, comme ta bénignité a daigné s'ouvrir en la terre devant moy (ton indigne serf) tous les trésors des richesses du monde... » et de plus met dans la bouche de Flamel, en dernière page du texte du *Livre*, des expressions similaires :

> « Ô Seigneur, fays nous la grâce qui nous en puissions bien user, à l'augmentation de la foy, au profit de nostre ame ; et accroissement de la gloire de ce noble royaume. Amen. »

Si le *Livre* de 1612 est faux, il ne faut pas s'en étonner, à une époque où l'on ne connaissait pas encore les finesses du *copyright* moderne et où l'on se croyait autorisé à truquer, pour se divertir, ou appuyer une thèse de science secrète. Que l'on se souvienne du *Tombeau de Folie : le Chymique ingénu, ou l'Imposture de la pierre philosophale découverte par le sieur de La Martinière...* de c. 1660.

Le livre de Béraud est précédé, selon l'usage, par *l'Extraict du Privilège du Roy*, qui lui accorde cette fois six ans de monopole sur l'impression. Une note ajoutée à la fin de cet *Extraict* nous informe :

« Et ledit Beraud a faict transporter de sondit Privilege à Louys Vendosmes, marchand Libraire, pour en iouyr aux conditions accordées entr'eux, suivant le contract qu'ils ont faict pardevant Petier Notaire. Ce iour-d'huy sixiesme Aoust 1628. »

D'où Pierre Béraud, s'il s'agit bien de lui, a-t-il tiré le nom d'Arnauld ? Cela est facile à deviner. Arnauld de Villeneuve (Arnoldus de Villanova c. 1245-1313) fut un des plus célèbres auteurs hermétiques. Plusieurs d'entre ses œuvres *(Rosarium Philosophorum, De Lapide philosophorum, Noven lumen, Flos florum, Semita semitae, Speculum alchimiae, de Subliminatione mercurii, Espistola ad Robertem Regem, Testamentum novum :* voir *Opera Omnia,* Lyon, 1520) se trouvent dans l'*Auriferae Artis,* imprimé à Bâle en 1572 (et réimprimé en 1593 et 1610), qui semble être une source de base pour Béraud-Arnauld dans l'invention de son *Livre* en 1612. Ce fut, sans doute, en souvenir du *Speculum alchimiae* qu'en 1609 Jean D'Espagnet intitula son *Miroir des Alchimistes, où l'on voit les erreurs qui se font en la recherche de la Pierre philosophale, par explication de diverses Sentences des Anciens Philosophes qui en ont escrit, soubs figures, analogies, & couvertement au general.*

Ce fut peut-être directement par réaction à ce *Miroir,* texte bizarre et provocateur, que Béraud-Arnauld écrivit et publia trois ans plus tard son *Livre des Figures hiéroglyphiques,* avec sa double série d'Interprétations : Interprétations théologiques et Interprétations philosophiques.

L'auteur insiste beaucoup sur la division entre le commun des gens, ceux qui ne voient dans l'Arcade de Flamel que des symboles catholiques purement conventionnels, et les initiés, « ceux qui sont entendus en la Philosophie naturelle ». Les figures et explications, dit-il, « [...] ne sont pas faictes pour ceux-là qui n'ont jamais veu les livres des philosophes, et qui ignorans les principes métalliques, ne peuvent estre nommez enfans de la science. »

Clairement, nous sommes en pleine polémique, mais c'est une polémique du XVIIᵉ siècle, non du Moyen Age. Certainement, on trouve déjà dans quelques versions du *Sommaire* une critique des « gens aveuglés sans raison »[3] qui compren-

nent mal les procédés du *Grand Œuvre* « par leur folle fan-
taisie/Abusion & resverie »[4] ; donc la division d'adeptes en
camps rivaux, chacun sûr d'en savoir plus long que l'autre,
existait depuis toujours, et explique la vaste série d'ouvrages
se ressemblant tous très étroitement, depuis l'Antiquité, en
passant par le Moyen Age, jusqu'à nos jours.

Cependant, en 1612 et autour de cette date, il régnait une
atmosphère tout à fait spéciale en France et en Allemagne,
comme nous allons le voir ; en Angleterre aussi, à en juger
par le *Theatrum Chemicum Britannicum* de 1652.

Arnauld, comme Béraud, puisait dans de vieux livres et
manuscrits. Selon le titre de ses *Trois Traictez*, il a trouvé
sa source du *Vray Livre* de Sinésius en territoire germani-
que : « tiré de la Bibliothèque de l'Empereur ». En Allemagne et en Suisse, nous témoignons d'un vif intérêt pour des
œuvres hermétiques depuis le XVIᵉ siècle. A Bâle, en 1572,
parut l'*Auriferae Artis*, grand recueil en deux tomes d'œuvres
hermétiques, comprenant des écrits d'Arnauld de Villeneuve,
de Calid et de Morienus ainsi que la célèbre *Turba Philosophorum*, citée par « Flamel » dans le *Livre* de Béraud-Arnauld.
Le *Trevisanus de Chymico miraculo* de G. Dorn, qui contient
un abrégé en prose et en latin du *Sommaire*, fut publié en
1583, également à Bâle ; le *Sommaire* fut publié en allemand
à Halle en 1612, dans le *Vier nützliche chymische Tractat...* ;
le *Tractatus de Sulphure* de Sendivogius à Cologne en 1616.

Au XVIᵉ siècle surtout, nous avons les très nombreuses œuvres du célèbre médecin suisse, Theophrastus Bombastus von
Hohenheim, mieux connu sous le nom de Paracelse (Paracel-
cius, 1493-1541), « père de la médecine hermétique ».

De plus, le traité de *la Toyson d'or ou la fleur des trésors*
de Salomon Trismosin fut publié à Paris en 1613[5].

Extraordinaire donc de trouver, en 1609, un drôle de petit
livre intitulé *le Trompette François, Ou, fidèle François*, réimprimé l'année suivante en caractères légèrement moins excen-
triques, sous le titre *la Prophétie de ce grand Bonbast...*
L'auteur, bon farceur, prend un plaisir évident à faire un jeu
de mots sur le nom allemand de Paracelse, jeu de mots qui
existait déjà, d'ailleurs, sous forme de *Clangor Buccinae*, cité
souvent dans les traités alchimiques. Dans ce livre, à part les

LA PROPHETIE
DE CE GRAND BONBAST

FIDELLEMENT ANNONCEE
par le TROMPETTE FRANÇOIS,
dés l'annee 1609. fur la mort de HENRY
le Grand, & fur le regne de LOVYS traifié-
me Roy de France & de Nauarre à prefent
regnant.

Enfemble vn aduertiffement qu'il donne au Roy de la
grand Bretaigne, Aux autres Princes fouuerains
Potentats & Republiques de la Chreftien-
té : Alliez & confederez de
l'Eftat & Couronne
de France.

CHEVAL, A CHEVAL,
O FRANÇOIS, que tardez vous,
qu'attendez-vous que tardez vous:
L'ENNEMY EST FOIBLE, diuifé,
confus, Chargeons, tuons, ruinons à cé coup
pour iamais nos ennemis, n'attendons plus,
qu'ils ne refpirent, qu'ils ne fe radreffent pour
nous diuifer, qu'ils ne nous feduifent, qu'ils ne
nous preuiennent par le temps, comme ils a-
uoyent confpirez pour la defolation de la Frã-
ce, vous entendrez leur cruelle *Trahifon* par nous

A ij

Le Comte de Bombast, La Prophétie *(1610).*

observations énigmatiques (« Grand Bom-bast, *virtutem leonem damnabit* »), il est question d'un « Chevalier Impérial » : « [...] nous allons parler du Chevalier Impérial. [...] Il fist estant à Bourdeaux un petit traité qu'il a intitulé le *Miroir des Alchimistes*, il me le donna pour l'envoyer au jour... » ; « Je rencontré le Chevalier Impérial, l'an 1603 ; & fus avec luy quelque temps, nous vismes lors à Hambourg le Seigneur Bombast, qui aime uniquement ledit Chevalier, et lequel luy a enseigné de grands Secrets de la Nature [...] ; il mange peu, boit peu, mauvais allemand en cela... » La mention du *Miroir* nous aide à identifier le « Chevalier Impérial » avec Jean d'Espagnet. Toutefois, le « Chevalier Impérial » rappelle de façon curieuse cet Arnauld de la Chevalerie qui lisait des manuscrits dans la Bibliothèque de l'Empereur ! *La Prophétie de ce grand Bonbast* est ouvertement patriotique, *Ensemble un advertissement qu'il donne au Roy de la grand Bretagne :*

« A cheval, à cheval, Ô François, que tardez vous : l'ennemy est foible, divisé, confus. Chargeons, tuons, ruinons à ce coup pour iamais nos ennemis... », ce qui rappelle la xénophobie apparente d'Arnauld, qui ne voulait pas que son *Livre* passe « aux nations estrangeres ». Le *Miroir* contient en frontispice une image caricaturale où l'on voit le « Chevalier Impérial » accompagné de son bon ami Bom-bast. Le texte emploie le même mélange excentrique de caractères romains et italiques que l'on trouve dans les livres de Bombast. Nous lisons :

> « [...] me retrouvant en la ville de Bourdeaux [...] transla-tay en la langue Françoise, un discours nommé *De restauratione & renovatione nominum, & metallorum*, faict par ce grand Scrutateur de la nature et de ses mysteres, *Aureolus*, comme tres-excellent traicté [...] lequel traicté a esté retardé par la paresse d'un Imprimeur. [...] nous avons pensé en attendant de vous dire quelque chose sans nous partir du même sujet, de la Philosophie Chimique : ceci sera grandement util a la France, & ailleurs [...] pendant nos peregrinations en Europe [...] ie me suis souvent rencontré parmi une sorte de gens que l'on nomme vulgairement, Alchimistes, bien que par l'ignorance de la pluspart, nous leur donnerons plus proprement le nom de *Lacrimistes*, ausquels nous voulons parler par charité, esperant qu'ils proffiteront de notre advertissement : nous leur serions plus agreable de fournir le but de leur intention d'enseigner de faire de l'or, de l'argent, nous nions sçavoir cela, nous n'entendons cela, & cela aussi ne s'enseigne familierement, à ce deffault, nous ferons beaucoup pour eux : nous leur cotterons leurs erreurs, leur ignorance, & en proffiterons, s'ils sont charitables a eux mesmes[6]. »

A la page 32, « Aureolus » est identifié comme « Seigneur de Hohnennain », donc Paracelse. L'histoire de l'imprimeur paresseux et de la non-production d'une traduction nous rappelle encore les circonstances de 1612. Plus loin nous lisons : « Nous avons la vérité de la parfaicte transmutation des metaux[7] », suivi d'une attaque assez spécifique contre certains « Lacrimistes » de Paris :

> « Paris en sait bien des nouvelles, & ailleurs combien de fols lacrimistes par la France, cessez cessez Lacrimistes dores-navant obligez nostre charité de la croire[8]. »

Plus loin cette attaque est accentuée :

> « [...] nous voulons parler un peu a certains Docteurs modernes [...] chacun y pourra beaucoup *proffiter* s'ils sont solides a la lecture[9]... »

Frappante est l'insistance sur la « charité » de cet auteur qui critique avec une telle virulence ses collègues, sans doute médecins pour la plupart. Serait-ce encore, bien des années plus tard, comme un écho à cette querelle dont Béraud, dans sa préface du *Grand Esclaircissement* de 1628, reprend le thème ?

> « [...] tout cela neantmoins n'est qu'une vaine cajollerie, & une gloire tumultueuse, si la Charité n'y est ioncte, & si on ne la rapporte au bien du prochain. Cette seule consideration, Lecteur, m'a obligé à vous donner charitablement cette *œuvre de la science des Philosophes*[10]... »

On remarque une certaine emphase sur la question de figures et d'interprétations, point de départ et thème central du *Livre des Figures hiéroglyphiques* seulement trois ans plus tard, en 1612.

> « [...] les sages [...] ont escrit tous sous figures & analogies[11]. »
>
> « Oyez maintenant ses Philosophes parler figurativement, mais veritablement, assez intelligiblement aux sages de la nature, & a vous Lacrymistes nullement, qui vous arrestez a la lettre[12]... »

Certains passages particulièrement provocateurs semblent lancer un défi à quelque « escrivain moderne, qui se peine plus, en la recherche de faire de l'or, qu'il ne devroit... » :

> « [...] ie demande a ces rechercheurs, ou sont leurs œuvres pour me faire croire tels qu'ils veullent estre veus [...] [...] le silence est au general marque *d'ignorance*[13]... »

Ce silence, dans l'esprit des docteurs de Paris, fut rompu en 1612 par le *Livre* d'Arnauld. Le cercle de gentilhommes « lacrimistes » était toujours en bonne santé un siècle plus tard, comme nous le voyons sur une feuille de garde de la copie faite par Denys Molinier, du *Livre des Figures* et du *Brévière*

(également apocryphe), où l'amateur s'affiche fièrement :
« J'appartiens au Chevalier Molinier, pensionnaire du Roy,
amateur de la science hermétique[14]. »

Nous ne devrions pas passer sous silence le rapport inévi-
table entre tous ces événements franco-allemands du début du
XVIIᵉ siècle et la naissance du mouvement rosicrucien préci-
sément à la même époque. La *Fama* et la *Confessio*, « Manifestes » de la Rose-Croix publiés respectivement en 1614 et
1615, furent certainement précédés par d'autres écrits du même
genre.

> « Le second manifeste rosicrucien, la *Confessio* de 1615,
> a été publié avec un tract en latin intitulé *Une Brève Consi-*
> *dération d'une Philosophie plus secrète*. Cette *Brève Considéra-*
> *tion* est en grande partie une citation de la *Monas hierogly-*
> *phica* (1564)[15]. »

Le roman de la *Chymische Hochzeit Christiani Rosencreutz*
(Les Noces chymiques de Christian Rosencreutz) de Johann Valentin Andreae (né à Würtenberg en 1586), publié à Strasbourg
avant 1614, remontait aux années 1602 :

> « La première version du sujet devait être une étude du
> symbolisme alchimique utilisant le thème du mariage comme
> symbole du processus alchimique[16]. »
> « Pendant le mariage se passe une suite extraordinaire d'évé-
> nements, au cours desquels les invités sont soumis à des tests
> mettant à l'épreuve leur valeur, et quelques-uns sont tués puis
> ramenés à la vie durant une opération alchimique. L'image-
> rie occulte abonde. On y trouve des portails gardés par des
> lions, des fontaines magiques et des navires correspondant
> aux signes du zodiaque[17]. »

Avant Rosencreutz, cependant, une influence un peu plus
lointaine se fait remarquer. Il s'agit d'un philosophe élisabé-
thain anglais, John Dee, maître de Philip Sidney. Dee fut
l'invité de Peter Wok von Rosenberg, noble Bohémien riche
et grand amateur d'occultisme, à Trebona vers 1589, après
une visite à Prague accompagné de son associé Edward Kel-
ley. Ensuite il rentra en Angleterre en passant par l'Allemagne.

> « Ashmole relate que le 27 juin 1589, à Brême, Dee avait

rendu visite au "fameux philosophe hermétique, le Dr Henricus Khunrath, de Hambourg". L'influence de Dee est effectivement perceptible dans l'ouvrage extraordinaire de Khunrath, *l'Amphithéâtre de l'éternelle sagesse*, publié à Hanovre en 1609. [...] *L'Amphithéâtre* de Khunrath constitue un lien entre la philosophie influencée par Dee et celle des Manifestes rosicruciens[18]. »

Il suffit de regarder les images extraordinaires de cet *Amphitheatrum Sapientae Aeternae*, ou bien celles du *Viridium Chymicum* de Daniel Stolcius (Francfort, 1624), du *Tripus Aureus* de Daniel Maïer (Francfort, 1618) ou du *Lux in Tenebris* de 1665, pour retrouver l'atmosphère alchimique qui imprègne les œuvres de Bombast, de d'Espagnet, et de Béraud-Arnauld que nous venons de passer en revue ; on y retrouve également des images étroitement liées à la tradition des figures hiéroglyphiques d'Abraham le Juif.

En France, ces nouveaux courants hermétiques se développèrent à tel point, selon l'historien Naudé, qu'en 1623 apparurent à Paris des affiches annonçant la présence des prétendus Invisibles :

« Nous, députés du Collège des Frères de la Rose-Croix, faisons un séjour invisible dans cette ville par la grâce du Très-Haut vers lequel se tourne le cœur du juste. Nous connaissons et enseignons sans livres ni signes tous les langages des pays où nous nous trouvons pour tirer les hommes de l'erreur et de la mort[19]. »

Voilà des gens bien capables d'inventer des fantaisies alchimistes ! Des réactions ne tardèrent pas à se manifester, comme le témoigne *Effroyables pactions faits entre le Diable et les prétendus Invisibles*, publié à Paris cette même année de 1623.

Si l'opération alchimique est un labyrinthe, on peut en dire autant pour les recherches bibliographiques qui s'imposent autour du *Livre* de 1612 ; de véritables aventures dans le labyrinthe des bibliothèques, et surtout à la Bibliothèque nationale. Trois de ces nombreuses aventures sont d'une importance suffisante pour être mentionnées ici.

Comme nous l'avons vu, l'*Auriferae Artis* put être une source importante, à la fin du XVI⁰ et du début du XVII⁰ siècle, pour celui qui voulait connaître les principales œuvres de la littérature hermétique. On est donc particulièrement ému de trouver, dans l'exemplaire du deuxième tome (Bâle, 1572) conservé à la Bibliothèque nationale (R. 27161), qu'il existe de nombreux passages soulignés et des annotations en français, souvent à des endroits correspondant assez étroitement aux données du *Livre*, d'une main datant probablement du XVIIe siècle, écrits en encre brune. Il y a trace d'autres annotations dans les marges au crayon rouge ; de plus, il y a des passages soulignés plus récemment au crayon. Ce livre serait-il la « source latine » du *Livre* de 1612 ? Le cœur du chercheur bondit à la vue (à la page 145) d'annotations à l'encre brune : « *vide* Flamel », superposée d'ailleurs à la mention au crayon rouge : FLAMEL. Il s'agit d'un passage de la *Scala Philosophorum*, texte particulièrement riche en annotations et parallèles avec le *Livre* :

> *Divide ergo lapidem in duas partes principales, videlicet in partem superiorem superius ascendentem, & spiritualem, & aeream, & inferioram viam, & terrenam.* (Divisez donc, cette pierre en deux parties c'est-à-dire en une partie supérieure ascendante, d'esprit, et d'air, et une partie inférieure, de terre.)

Ce passage ne semble pas se référer au *Sommaire*, mais correspond plutôt à une phrase dans le *Livre*, Ch. III : « Ascension et Descension parce qu'il monte et descend dans la cucurbite[20]. »

S'agit-il d'une sélection préliminaire de l'inventeur du *Livre*, ou s'agit-il plutôt d'annotations de lecteurs après 1612 qui connaissaient déjà la publication d'« Arnauld de la Chevalerie » ? La dernière solution semble être la vraie, hélas, car nous trouvons (à la page 177) toujours dans le texte de la *Scala Philosophorum*, la mention : « voyez Flamel Ch. IV », contre ce passage : « *Signum autem perfecte albedinis primae, videlicet totius materiae* [...] », ce qui correspond parfaitement au passage du Ch. IV du *Livre*, qui cite, en effet, la *Scala* (*Échelle*), et confirme le rapport entre ces deux textes :

> « L'eschelle des philosophes dit : Le signe de la première parfaicte blancheur[21]... »

Une troisième mention marginale (à la page 153) : « Poudre rouge par trop de feu comme dit Flamel » se trouve contre le passage de la *Scala* :

> *Sed si calor invaluerit, nimium consumitur humidum, & terra cadet in pulverem corruptum & rubeum.* (Mais si la chaleur est trop grande, toute l'humidité est consumée, et la terre devient poudre rouge, détruite.)

Au Ch. II du *Livre*, on lit :

> « [...] et luy fais sentir l'ardeur du feu, il te baillera un soufflet, et bruslera ses fleurs avant qu'elles soient montées du profond de ses mouelles, sortans rouges plustot que blanches, et alors ton opération sera destruicte[22]... »

Sans mention de Flamel, mais toutefois indiqué par une ligne rouge dans la marge gauche, on peut enfin sélectionner, parmi les douzaines d'exemples possibles, un passage (à la page 274) cette fois du *Rosarium*, texte séminal également cité dans le *Livre* : *Sicut sperma viri non separatur a spermate mulieri, in hora sui coitus.* (Tout comme le sperme masculin ne peut être séparé du sperme féminin, au moment du coït), ce qui correspond au passage du Ch. III du *Livre* :

> « Ce sont ces deux spermes masculin et fœminin, descripts au commencement de mon Sommaire Philosophique[23]... »

Ceci confirme que l'auteur du *Livre*, en 1612, connaissait non seulement des textes contenus dans l'*Auriferae Artis*, mais aussi le *Sommaire*.

L'exemplaire de l'*Auriferae Artis* nous intéresse d'autre part par la preuve supplémentaire qu'il fournit des contacts franco-allemands : les nombreuses illustrations qui accompagnent le texte du *Rosarium* sont, sans doute, tirées d'une édition antérieure perdue en allemand, car elles sont entourées de légendes en allemand et en lettres gothiques. L'annotateur français du XVIIᵉ siècle connaissait assez bien la langue du pays voisin pour donner des traductions convenables en français au bas de ces pages. De plus, les illustrations ont été soigneusement colorées à la main par quelqu'un connaissant certainement le symbolisme des couleurs de l'alchimie, thème fondamental du *Livre*.

Ensuite l'aventure de Lagneau. Son livre existe, comme cela est si souvent le cas, dans deux versions, française et latine : *Harmonia seu consensus philosophorum chemicorum*, publié à Paris en 1611 ; *Harmonie mystique, ou Accord des philosophes chymiques*, traduit par Veillutil, publié à Paris en 1636. Le lecteur non averti, qui commence avec la version française, en supposant que celle-ci est une transposition exacte de la version originale, est sidéré de trouver dans le texte trois extraits du *Livre* de 1612 (aux pages 316-317[24], p. 214[25] et p. 392[26]). Si donc, en 1611, Lagneau avait cité l'hypothétique version originale en latin, censée avoir été traduite par Arnauld l'année suivante ? Vite, au latin ! Déception ! Les trois passages cités n'y figurent pas ; seulement les deux autres, que l'on trouve également dans la version française, tirés du *Trevisanus de Chymico miraculo* de G. Dorn (Bâle, 1583). Cette édition de Dorn, d'ailleurs, donna suite à toute une série de fausses attributions à Flamel, du fait qu'en tête de page, la rubrique *Nicolai Flamelli Annotationes* traverse la deuxième moitié du livre (de la page 118 à la page 198) bien que le texte de Flamel, un abrégé en latin de son *Sommaire*, n'occupe que les pages 117 à 119[27] ! Suivent d'autres textes alchimiques tels que la *Scala* et Geber.

On peut déduire, d'après les indications de pages fournies par Veillutil, que ce fut l'édition de 1612, chez Guillemost et Thiboust, dont il s'est servi pour ses ajouts, non de l'autre. Les légères différences que l'on remarque entre les deux textes par endroits, quant à l'orthographe ou au choix de vocabulaire, trahissent un désir de « nettoyer », d'« améliorer » légèrement, de la part de Veillutil.

Les *Annotationes*, enfin, que l'on serait tenté de laisser de côté si l'on suivait l'avis de Poisson :

> « Les *Annotationes* de Flamel sur Denys Zachaire, imprimées dans le *Theatrum chimicum*, tome I et dans la *Bibliotheca chemica Mangeti*, tome II, sont apocryphes, puisque Flamel vivait un siècle avant Zachaire. »

Ici Poisson fait preuve d'une incompréhension totale devant

cette œuvre où les *Annotationes* de Flamel suivent simplement l'*Opusculum Philosophiae naturalis metallorum Dionysii Zacharii*, qui est seulement le premier texte dans l'édition de 1583. Il n'est pas du tout question de commentaires de la part de Flamel !

Pauvre Flamel ! Que d'aventures a-t-il dû subir à travers tous ces livres qui n'ont, en fin de compte, rien à voir avec lui ! Comme l'exprima l'abbé Villain, à propos du portail Saint-Jacques :

« Aroit-il couvert sous ces enveloppes dévotes l'art du grand Œuvre ? Si quelqu'un s'étoit imaginé de broder sur cette quantité de figures et de légendes, peut-être auroit on un volume pareil à celui de l'explication des figures du Char-nier [28]. »

NOTES

1. B.N., Cabinet des Estampes, Collection Destailleur Ve 53e.
2. P. Borel, *Trésor de Recherches et Antiquitez Gauloises et Françoises, op. cit.,* p. 166.
3. Ed. E.-Ch. Flamand, *op. cit.,* v. 343.
4. *Ibid.,* v. 357-358.
5. Le « riche Toison » du *Livre* serait peut-être une allusion à *la Toyson d'or* par Salomon Trismusin, précepteur de Paracelse (B.N., f. fr. 12297).
6. J. d'Espagnet, *Le Miroir des alchimistes,* 1609, pp. 6-8.
7. *Ibid.,* p. 10.
8. *Ibid.,* p. 15.
9. *Ibid.,* p. 25.
10. P. Béraud, *Préface,* p. 4.
11. *Miroir,* p. 15.
12. *Ibid.,* p. 18.
13. *Ibid.,* pp. 26-27.
14. B.N., f. fr. 14765.
15. F. Yates, *La Lumière des Rose-Croix,* Paris, 1985, p. 51.
16. *Ibid.*
17. C. McIntosh, *La Rose-Croix dévoilée,* Paris, 1980, p. 29.

18. F. Yates, *op. cit.*, p. 56.

19. G. Naudé, *Révélation à la France sur la vérité de l'histoire des Frères de la Rose-Croix*, Paris, 1623, p. 27.

20. Ed. A. Poisson, *op. cit.*, p. 196.

21. *Ibid.*, p. 201.

22. *Ibid.*, p. 187.

23. *Ibid.*, p. 191.

24. Qui correspondent à la page 75 du *Livre*, éd. A. Poisson, *op. cit.*

25. *Ibid.*, pp. 191-192.

26. *Ibid.*, p. 192.

27. Voir aussi J. Fergusson, *Bibliotheca Chemica...*, 2 vol., 1906 ; I, p. 280 et II, p. 562.

28. Abbé Villain, *op. cit.*, p. 392.

Chapitre IX

DES LÉGENDES

« [...] la folie des Hermetiques est si grande, qu'il n'y a sorte de rébus sculptés dans les églises qu'ils n'interprètent... »

(H. Sauval.)

Dans sa vie, Nicolas Flamel fut sûrement considéré comme calligraphe exceptionnel, citoyen éminent, riche bourgeois qui grimpa l'échelle sociale largement grâce à ses propres efforts, aidé sans doute par les apports de sa femme, aussi comme bienfaiteur munificent de quelques églises et hôpitaux, et ami des moins privilégiés.

Peu de temps après sa mort, cependant, le bruit courait qu'il avait été beaucoup plus riche qu'il ne l'avait dit ; ce fut l'essentiel d'une plainte déposée par l'hôpital des Quinze-Vingts en 1447. Des soupçons s'attachent, des rumeurs circulent toujours autour de personnes particulièrement riches ou qui ont réussi de façon exceptionnelle. Exactement la même chose s'est produite dans le cas de Jacques Cœur, dont la célèbre maison à Bourges a été de même sujet d'interprétations « alchimiques ».

Évidemment, tout le monde à Paris, du vivant de Flamel et longtemps après, connaissait celui qui, de façon flamboyante, bien qu'il ne pût vraiment rivaliser avec des mécènes comme le duc de Berry, aima s'afficher sur des façades publiques au centre de la ville, exhibant un peu partout sa propre image ainsi que ses fameuses lettres initiales : N.F.

Une certaine réputation dut donc se développer autour de lui, augmentée peut-être par l'attribution, à tort ou à raison, du *Sommaire Philosophique* à l'écrivain parisien. Comme nous l'avons vu, dans un manuscrit du *Livre des Laveures* datant du XVᵉ siècle, quelqu'un ajouta son nom après coup pour faire croire qu'il l'avait copié et relié « de sa propre main ». En 1561, Jacques Gohory, dit « le Solitaire », dans la préface du *Sommaire* dans son recueil *De la Transformation métallique*, proposa le premier un rapport entre un texte alchimique attribué à Flamel et les Arcades aux Innocents :

> « Le troisième livre (qui n'avoit paravant esté mis en lumière) est intitulé Le *Sommaire Philosophique* de Nicolas Flamel qui florissoit l'an 1393 et 1407 comme il appert encores en la ville de Paris à S. Innocent ès monumentz de deux arches opposites, le cymitière entre elles, qu'il feit alors faire. En l'une desqueles sont, oultre aultres choses, erigéez les effigies de deux serpentz, ou Dragons, et d'un Lyon, suyvant la description que d'iceulx il ha faict en ce livre... »

Gohory poursuivit son idée dans l'introduction à son édition du *Livre de la Fontaine perilleuse*, en 1572. Ce poème, qui n'est pas le même que *La Fontaine des amoureux de science* de Jean de la Fontaine, que Gohory publia dans son premier recueil, s'ajoute néanmoins à ce dernier dans une sorte de variante alchimique du *Dit Amoureus* conventionnel. Nombreuses sont les Fontaines Amoureuses dans les œuvres poétiques de Machaut et de Froissart, par exemple. Gohory nous explique :

> « Le poëte fait son entrée par un songe qu'il entend estre continué en tout le discours de l'œuvre : auquel il dit avoir vu merveilles. Qui est le dicton d'un des personnages fait peindre par Nicolas Flamel en un des charniers de saint innocent à Paris, lequel regarde l'autre ou sont les monstres [expositions] de diverses couleurs representatifs de ceste science avec sa lame de ♀ dorée et l'eclipse du [soleil] et [lune] etc. Car ce personnage estandant le bras par admiration, dit *je voy merveilles dont je suis esbahi*, lequel a laissé semblables marques en un tableau à Saincte Geneviesve des Ardents, et en assez d'autres lieux. »

Gohory, clairement, était convaincu de la signification alchimique des sculptures pieuses laissées par l'écrivain. Cela suffit pour provoquer toute une suite de suppositions et d'interprétations imaginaires. En 1578, nous lisons dans l'introduction d'Yves Seigneur de Langourla au *Demosterion* de Roch la Baïf :

> « Nicolas Flamel Parisien, lequel de pauvre escrivain qu'il estoit et ayant trouvé en un vieil livre une recepte métalique qu'il esprouva, fut l'un des plus riches de son temps, tesmoings en sont les superbes bastiments qu'il a faict au cemetière S. Innocent, à Saincte Geneviesve des ardents, à S. Iacques de la Boucherie, où il est en demy relief, avec son escritoire au costé, et le chaperon sur l'espaule, estimé riche luy et sa Perronnelle (c'estoit sa femme) de quinze mille escus, outre les ausmosnes et dotations immenses qu'il feist. »

La mention d'un « vieil livre » pourrait se rapporter au *Sommaire* aussi bien qu'au *Livre des Laveures*, s'il ne s'agit pas d'une invention spontanée. Il n'y a rien dans cette citation qui puisse établir l'existence, à cette date, du *Livre des figures hiéroglyphiques*.

Peu après, en 1584, La Croix du Maine apporte quelques nouveaux éléments sur ces bases, toutefois avec certaines réserves quant à l'aspect alchimique. La légende est en pleine voie de développement :

> « Nicolas Flamel, natif de Pontoise, à sept lieues de Paris, ancien Poëte François, escrivain ou maistre d'escriture, peintre et philosophe, mathématicien et architecte, et sur tout grand alchimiste (comme l'asseurent d'aucuns). Il a escrit un *Sommaire Philosophique* contenant plusieurs secrets de l'alchimie ou Pierre Philosophale, imprimé à Paris avec les trois traictés de la transformation métallique... »

L'indication du lieu de naissance de Nicolas, à Pontoise, fut probablement tiré des archives de Saint-Jacques. Aucune mention du *Livre des figures hiéroglyphiques*, naturellement, puisque celui-ci n'existait pas encore ! La réputation d'alchimiste de Nicolas Flamel devait prendre une allure bien plus dramatique à partir de 1612, après la parution du *Livre* inventé par Arnauld.

Tout ceci n'est peut-être que le sommet de l'iceberg. Toutes sortes de théories couraient, depuis la mort de Nicolas, probablement, pour expliquer sa richesse. L'abbé Villain nous raconte qu'en 1576 un imposteur se présenta à la Fabrique Saint-Jacques, déclarant qu'il devait accomplir le dernier vœu d'un ami alchimiste qui, sur son lit de mort, lui avait remis de l'argent pour réparer la maison de Flamel. Sous prétexte de consolider les fondations, l'imposteur fit fouiller les caves et démolir tout endroit où il croyait voir un hiéroglyphe. Ensuite il disparut sans avoir payé les ouvriers. En 1560, même le procureur du Châtelet avait fait saisir au nom du roi des maisons de Flamel pour les faire fouiller ; il fallut un procès pour les remettre à la Fabrique de l'église !

Dans un manuscrit apocryphe du XVIIᵉ siècle (B.N., f. lat. 14103), nous trouvons d'autres rapports exagérés sur la richesse de l'écrivain. Il s'agit de la *Via Flamelli sive Almasati*, qui occupe les feuillets 40 à 56, décrit dans le catalogue comme « Manuscrit de chimie d'Almazatus au Roy de Carmassant ». A l'intérieur du texte latin on trouve, à la f. 43v, une section en français où « Flamel » parle de son manuscrit précieux « qui n'estoit point en parchemin, comme sont les autres » :

> « Lequel livret, par la grande grâce de Dieu, m'a donné tant de biens, que j'ay acquis la Seigneurie de six paroisses autour Paris, sans reproche a Dieu. Car en luy est la louange, non pas a moy. En tant ay fait qu'en mon testament j'ay laissé en piteuses aulmosnes plus de quatre mil escus d'or... »

On reconnaît le style du *Breviere* : « [...] j'ai fondé rentes et hôpitaux et orné vingt-deux maisons de Dieu en piété et fidélité... »

En 1655, Pierre Borel, dans son *Trésor de recherches*, rapporte une histoire singulière qu'il inventa probablement lui-même, peut-être comme allégorie « chimique ». Il s'agit d'un Monsieur Cramoisy, Maistre de Requestes, qui (« on sçait par tradition ») aurait été envoyé chez Flamel par le roi Charles VI lui-même, curieux de connaître l'origine de la fortune de l'écrivain :

> « [...] mais il le trouva dans l'humilité, se servant mesme de vaisselle de terre. Mais pourtant on sçait par tradition que

Flamel se déclara à lui ayant trouvé honnête homme, et luy donna un matras plein de sa poudre qu'on dit avoir esté conservée longtemps dans cette famille, qui l'obligea à garantir Flamel des recherches du Roy. »

Ceci semble être une fusion du souvenir des vrais ennuis éprouvés par Nicolas avec le fisc de son temps, comme nous l'avons vu au chapitre II, et l'élément rouge « cramoisy » du symbolisme alchimique, comme nous le trouvons vers la fin du *Breviere* :

« [...] lors se feront mutations diverses c'est à savoir couleur noire, cendrée, verte, blanche, orangée, et en terme fini, un rouge comme sang ou pavot cramoisy. »

Le « prince benoist Charles VI » est invoqué au début de ce même texte, ce qui rappelle l'ouvrage ajouté au Traité de Sendivogius dans l'édition française de 1618 : *Œuvre royalle de Charles VI Roy de France*. Le roi est ici présenté comme gardien de secrets alchimiques :

« Charles par la grace de Dieu, Roy de France, Seigneur des Seigneurs, Disciple de Philosophie, et Secretaire de souverain divinité, de cœur bien veillant, comme de Pere bien vray, sans feintise descouvriray à vous mes treschers enfans, lesquels allez mesdisant et fourvoyant par les deserts, les profonds secrets de mon cœur... »

Il s'ensuit un rêve symbolique :

« [...] passay par l'Inde la Mayeur, en la partie Orientale, et par la divine inspiration, ie vis les rays du Soleil Levant, et la Lune resplendissante [...] et vis un grant serpent rouge, mais foible, et estoit plus ancien que le Dragon... »

On peut douter de la fiabilité de Borel, quand il donne un faux renseignement sur l'édition du *Livre des figures hiéroglyphiques*, selon lui « imprimé à Paris chez Guillaume Guillard l'an 1561 » ! Borel semble avoir été particulièrement prêt à inventer ou à imaginer des rapports avec Flamel, comme dans le cas d'un vitrail et d'un portrait à Saint-Jacques. Selon l'abbé Villain, le vitrail attribué par Borel à Flamel aurait été construit dix-huit années après la mort de l'écrivain. Le portrait de Flamel « en riche habit sur une vitre vis-à-vis de sa sépulture », aurait été « le portrait sur verre du respectable Magistrat Jean de S. Romain ».

Poisson suit Borel aveuglément quand il raconte l'histoire vraiment mélodramatique d'un descendant de Flamel qui aurait hérité « quelques matras renfermant la poudre de projection » :

> « Flamel n'avait pas d'enfants, ses uniques descendants étaient ses neveux, les trois fils d'Isabelle Perrier, la sœur de Pernelle. Il en avait distingué un parmi eux, nous ne savons au juste lequel, et avait écrit à son intention un traité hermétique. Borel dit que c'était Nicolas ou Colin Perrier... »

Comme nous l'avons vu, l'idée que Nicolas Flamel avait laissé son « secret » à un neveu bien-aimé est une invention du *Breviere*, sinon de Borel lui-même. Elle est en désaccord total avec le témoignage du *Testament* et autres documents des archives qui nous racontent l'antagonisme hargneux entre Nicolas et la famille de sa femme. L'histoire mérite d'être citée, néanmoins, car, en suivant ces aventures dignes des *Trois Mousquetaires*, on y retrouve le thème du roi de France alchimiste, cette fois Louis XIII. D'après Poisson :

> « A la mort de Flamel, ce Perrier, sachant que son oncle soufflait, s'empara de ses papiers et de quelques matras renfermant de la poudre de projection. Il en usa discrètement ou même n'osa jamais s'en servir, car on n'entendit jamais parler de lui. Papiers et poudre passèrent à ses descendants jusqu'à un nommé Du Parrin, médecin à Coulommiers, lequel à son lit de mort en fit cadeau à son neveu ou filleul Dubois. Celui-ci ne fut pas si prudent que ses aïeux ; possédant une certaine provision de pierre philosophale, il n'aspira qu'à étonner ses contemporains. Par ses prouesses, il attira l'attention de la Cour Royale, et dut travailler devant le roi Louis XIII... »

La suite de l'histoire se trouve dans *la Vie de Jean-Baptiste Morin, docteur en médecine et professeur royal aux mathématiques à Paris*, publié en 1660 :

> « L'autre personne avec laquelle il a souvent pris plaisir de s'entretenir est M. de Chavigny, qui avoit esté présent à l'espreuve que du Bois fit de sa poudre de projection, à

la veüe et soubs la main du Roy, et qui fut chargé de cet
or nouvellement fabriqué pour en faire l'examen par l'essayeur
de la monnoye, qui après la dernière espreuve, le déclara plus
fin que celui dont on se sert ordinairement, et ce qui le sur-
prit, quoy qu'il soit aisé d'en donner la raison, fut qu'il le
trouva plus pesant après l'opération qu'il ne l'estoit aupara-
vant. Or, comme cette histoire, l'une des plus curieuses sans
doute de celles qui ont entretenu le siècle présent, a eu des
faces bien différentes, j'ay creu qu'il ne seroit pas tout à faict
hors de propos de luy donner ici son véritable jour et de
dire à l'honneur de la chymie et pur amour de la vérité qu'il
n'y eut aucune fourbe à l'espreuve que du Bois fit de sa poudre, le Creuset fut pris sans affectation chez un marchand,
M. de Chavigny ramassa dans les bandoüillères des gardes
des balles de plomb qui furent fondües et sa Majesté mit
elle-même la poudre qui luy fut donnée en très petite quantité dans un peu de cire, après l'avoir entortillée dans du
papier pour la tenir plus facilement ; mais d'où vient donc
le traitement que l'on fit à Dubois, c'est un ressort caché
de la Providence, ce que j'en ai apris, est que l'on voulut
tirer son secret et soit qu'il s'oppiniastra à ne point le donner, ou qu'il ne fut pas l'autheur de la poudre, comme il
y en a bien l'apparence, on se lassa de ses remises, on le
fit arrester à Ruel, où il alloit souvent conférer avec son Éminence et sous prétexte de la seureté de sa personne, on luy
donna le bois de Vincennes pour logement et des gardes de
corps pour luy tenir compagnie. Le régal luy sembla bien
fascheux et lui parut d'autant plus rude qu'il n'avoit point
cherché, au contraire qu'il avoit fuy autant qu'il avoit peu,
de se faire cognoistre à la cour. La necessité seule et fatale
de conserver la liberté qu'il s'estoient procurée par la sortie
de son couvent, luy ayant fait consentir de se déclarer au
père Joseph, qui après un examen fort exact et chez les religieuses du Calvaire, le déféra à son Éminence, ainsi donc
au lieu de profiter de ce traictement, il en devint moins traic-
table, et enfin s'échappa par ses paroles et en de si grandes
extrémités qu'on ne vit plus rien à faire que de luy donner
des commissaires ; comme sa vie n'avoit pas esté régulière,
quoy qu'il eust faict profession dans un ordre très régulier
et sainct, il ne leur fut pas difficile de trouver des sujets
d'exercer la rigueur de la justice souveraine, dont ils estoient
dépositaires. Dubois fut condamné à mort pour divers cri-

mes et la souffrit par les mains du bourreau. Mais tant s'en faut que l'on ait faict le procès à son secret, que le cardinal de Richelieu, qui n'estoit point une duppe, l'a depuis faict rechercher dans un laboratoire, qu'il fit construire à ce dessein dans le château de Ruel, et dans lequel on a travaillé plusieurs années sur les papiers qui furent saisis à Paris, dans le temps que l'on arrêta ce malheureux à Ruel. »

Heureusement, devant tous ces mystères, certains auteurs ont gardé leur sens de l'humour. Il est rassurant de trouver déjà au XVIIᵉ siècle une approche satirique. P. La Martinière, par exemple, vers 1660, publia son *Tombeau de la Folie : le Chymique ingénu, ou l'Imposture de la pierre philosophale*. Il fait imprimer par Flamel lui-même son traité de *Transformation métallique*, avançant donc considérablement la date de l'invention de l'imprimerie ! L'abbé de Montfaucon de Villars dut s'amuser follement en créant, dans son *le Comte de Gabalis ou Entretien sur les sciences secrètes*, de 1700, un vrai « Roman de Flamel » ! Sous sa plume, l'écrivain devient « un petit frater en chirgie », qui voyage en France et en Italie. Comme Poisson le raconte :

> « [...] c'est à Rome qu'il achète le livre d'Abraham juif. Il n'y comprend rien, naturellement, mais un rabbin nommé Nazar lui révèle que les Juifs proscrits de France plusieurs fois, et sachant qu'ils rentreraient tôt ou tard, avaient chaque fois enfoui leurs richesses dans les caves de diverses maisons, à Paris, à Lyon, etc. Or, toutes les maisons à cette époque avaient des enseignes. [...] Les Juifs pour retrouver leurs richesses avaient fait un livre où se trouvaient représentées les enseignes des maisons qui contenaient leurs trésors. Flamel n'eut donc qu'à acheter les maisons dont les enseignes se trouvaient reproduites dans son livre, ce qui lui permit de devenir riche en peu de temps. »

On remarque ici l'insistance sur les rapports que Nicolas aurait eu avec des Juifs. Plusieurs critiques reprennent cette idée certainement plus pratique, pour expliquer la fortune de Flamel. Dans l'édition de 1772 de la Croix du Maine, par exemple, on lit :

> « La source de sa richesse est telle, quand les juifs furent

chassés, lui qui avoit leurs papiers, loin de réclamer à leurs créanciers ou de les dénoncer au roi, partageait avec eux pour leur donner acquit. »

Hoeffer, dans son *Histoire de la chimie* de 1842, élabore ce passage de façon purement romanesque :

> « [...] la véritable source des richesses de Flamel s'explique par les rapports fréquents et intimes qu'entretenait cet alchimiste avec les juifs si persécutés au Moyen Age et qui étaient tour à tour exilés et rappelés, selon le bon plaisir des rois. Dépositaire de la fortune de ces malheureux dont la plupart mouraient dans l'exil, l'écrivain de Saint-Jacques-la-Boucherie n'avait pas besoin de souffler le feu du grand-œuvre pour s'enrichir. L'histoire du livre d'or du juif Abraham pourrait bien n'être autre chose qu'une allégorie par laquelle Nicolas Flamel rappelle lui-même l'origine de sa fortune. »

Ce thème fut repris encore en 1962, dans un article, par P. Mariel, « le Secret de Nicolas Flamel ». Selon lui, Nicolas aurait monté dans ses caves non un laboratoire alchimique, mais une banque clandestine.

L'histoire la plus extraordinaire de toutes est certainement celle racontée par le Sieur Paul Lucas, en 1711, dans son *Voyage... dans la Grèce, l'Asie mineure, la Macédonie et l'Afrique*. Lucas cite une anecdote pour divertir ses lecteurs ; d'autres lecteurs furent assez naïfs pour le prendre au sérieux. Dans la ville de Brousse, en Turquie, il aurait rencontré un derviche, membre d'un groupe de sept amis tous extrêmement âgés, mais ayant une apparence de jeunesse. Ils se réunissaient tous les vingt ans dans une ville différente. Selon le derviche, les vrais Philosophes vivent mille ans :

> « Je lui parlai enfin du célèbre Flamel, et lui dis que malgré la Pierre philosophale il étoit mort dans toutes ses formes. A ce propos il se mit à rire de ma simplicité et comme j'avois déjà commencé à le croire sur tout le reste, j'étois fort étonné de le voir douter de ce que je venois d'avancer. S'étant bientôt apperceu de ma surprise, il me demanda de nouveau, sur le même ton, si j'étois assez bon pour croire que Flamel fut en effet mort ? et sur ce que je tardois à répondre : non, non, reprit-il, vous vous trompez, Flamel et sa femme ne

savent pas encore ce que c'est que la mort. Il n'y a pas trois ans que je les ai laissés l'un et l'autre aux Indes, et c'est un de mes plus fidèles amis... »

Le derviche parle du triste sort des Juifs en France, puis continue :

« Flamel plus raisonnable que la pluspart des autres parisiens n'avoit pas fait difficulté de s'allier avec quelques autres Juifs, il passoit même chez eux pour une personne d'une honnêteté et d'une probité reconnue. Cela fut cause qu'un marchand juif prit le dessein de lui confier ses registres et tous ses papiers, persuadé qu'il n'en useroit point mal et qu'il voudroit bien les sauver de l'incendie commun. Parmi ces papiers se trouvoient ceux du rabbin qui avoit été brûlé et les livres de notre sage. Le marchand, sans doute occupé de son commerce, n'y avoit pas encore fait attention ; mais Flamel qui les examina de plus près y remarquant des figures de fourneaux, d'alambics et d'autres vases semblables, et jugeant avec raison que ce pouvoit être le secret du grand Œuvre, crut devoir pas s'en tenir là. Comme ces livres étoient hébreux, il s'en fit traduire le premier feuillet ; et cela seul l'ayant confirmé dans sa pensée, pour user de prudence et n'être pas découvert, voici la façon dont il s'y prit. Il se rendit en Espagne, et comme il s'y trouvoit des juifs presque partout dans chaque endroit où il passoit, il en prioit quelqu'un de lui traduire une page de son livre, et après l'avoir traduit tout entier par ce moyen il reprit le chemin de Paris. En revenant en France, il s'étoit fait un ami fidèle qu'il y menoit avec lui, pour travailler à l'œuvre, et à qui il avoit dessein de découvrir son dessein dans la suite, mais une maladie le lui enleva. Ainsi Flamel, de retour chez lui, résolut de travailler avec sa femme, ils réussirent, et s'étant acquis des richesses immenses, ils firent bâtir plusieurs édifices publics et enrichirent nombre de personnes. La renommée est souvent une chose fort incommode, mais un sage sait par sa prudence se tirer de tous les embarras. Flamel vit bien qu'on finirait par l'arrêter, dès qu'il seroit soupçonné d'avoir la pierre philosophale, et il avait peu d'apparence qu'on fût encore longtemps sans lui attribuer cette science, après l'éclat qu'avoient produit ses largesses. Ainsi en véritable philosophe, qui se soucie très peu de vivre dans l'esprit du genre humain, il trouva le moyen de fuir la persécution en faisant publier sa mort et celle de sa femme. Par ses conseils, elle feignit une maladie qui eut son cours, et lorsqu'on l'a dite morte, elle étoit dans la Suisse où elle avait eu l'ordre de l'attendre. On enterra en sa place un morceau de bois et des habits, et pour ne point manquer au cérémonial ce fut dans l'une des églises qu'elle avoit fait bâtir. Ensuite il eut recours au même stratagème, et comme tout se fait pour l'argent, on sent qu'il n'eut point de peine à gagner les médecins et les gens d'église. Il laissa un testament dans lequel il recommanda qu'on l'enterrât avec sa femme et qu'on élevât une pyramide sur leur sépulture ; et pendant que ce vrai sage étoit en chemin pour aller rejoindre sa femme un second morceau de bois fut enterré en sa place. Depuis ce temps, l'un et l'autre ont mené une vie très philosophique, tantôt dans un pays, tantôt dans l'autre. Telle est la véritable histoire de Nicolas Flamel et non pas ce que vous en croyez, ni ce que l'on pense sottement où Paris à très peu de gens ont connaissance de la vraie sagesse. »

On dirait presque un « conte philosophique » de Voltaire ! On comprend la réaction outragée de l'abbé Villain :

> « On la dit morte ; elle est vivante : à sa place on porte, au cimetière des Innocens, des habits et un morceau de bois ; pour elle, pleine de vigueur et de santé, ou plutôt rajeunie par l'usage de l'*élixir parfait*, ou *Médecine de l'ordre supérieur* qu'elle possédoit, elle étoit déjà partie pour la Suisse. Là [...] elle attendoit son cher Nicolas. Nicolas, quelque temps après, joue la même comédie. »

A Paris, au XVIIIᵉ siècle, le « tourisme alchimique » autour des monuments et maisons de Flamel devint une vraie obsession, à en croire Sauval en 1724 :

> « [...] car ce Flamel ici est en telle réputation parmi eux, qu'ils ne l'estiment guere moins que Guillaume de Paris, et veulent qu'en 1332 il souffla de sorte que son creuset valut bien le sien, aussi ne sont-ils pas paresseux à visiter souvent tous les lieux qu'ils a bâtis. Il se distillent l'esprit pour quintescencier des vers Gothiques et des figures, les uns de ronde-bosse, les autres très égratinées, sur les pierres tant de sa maison du coin de la rue Marivaux, que des deux Hopitaux qu'il a fait faire à la rue de Montmorenci. De là ils vont

à Ste. Geneviève des Ardens, à l'Hôpital St.-Gervais, à Ste.-Côme, à St.-Martin et à St.-Jacques-de-la-Boucherie, où l'on voit des portes qu'il a fait construire, et où presque à toutes et encore ailleurs, se remarquent des croix qu'ils tiennent pour mystérieuses.

Quatre gros chenets de fer dressés près le portail de l'Hôpital St.-Gervais et à la rue de la Ferronnerie, sont encore de lui à ce qu'ils prétendent, sans savoir pourquoi, ni ce qu'ils signifient. Ils en disent autant des demi-reliefs, des figures de ronde-bosse et de quelques peintures des Charniers de St.-Innocent ; et que même il les a expliquées dans le livre des figures hiéroglyphiques. Cependant il est certain que ce livre est la traduction d'une pièce latine qu'on n'a jamais vue. »

Sauval, on le voit, reste extrêmement sceptique. En homme du siècle des Lumières, il eut du mal à croire à la qualité des sculptures du Moyen Age :

« A l'égard des figures qui représentent Flamel, toutes mal dessinées qu'elles soient, elles ne le sont pas tant qu'elles devroient être, eu égard à son siècle et au tems qu'il vivoit ; et les Gens du métier assurent qu'elles ont été faites bien depuis sa mort. »

A Saint-Jacques, les « hermétiques » cherchaient des secrets alchimiques même en haut de la tour, malgré le fait que celle-ci ait été construite longtemps après la mort de Flamel :

« [...] et d'autres encore en haut de la Tour de St.-Jacques-de-la-Boucherie mirent de près les figures des quatre coins pour y trouver les Hieroglyphes de Flamel, bien qu'il soit mort en 1417 et que la Tour n'a été commencée qu'en 1468, ni le bœuf, ni l'aigle, ni le lion posés qu'en 1526. »

On peut sourire de ces superstitions du passé ; cependant, la superstition est persistante. Même en 1989, E.-Ch. Flamand se crut autorisé de parler de « l'incontestable signification alchimique des quatre statues symboliques qui garnissent son faîte : l'ange, l'aigle, le lion et le bœuf ailés... ». A ce moment-là les Évangiles mêmes seraient « alchimiques », pourquoi pas la Bible aussi !

La maison de Flamel, rue des Escrivains, dut subir des fouilles répétées qui finirent par l'abîmer. Sauval nous raconte :

« [...] ces souffleurs au reste après avoir évaporé et réduit en fumée leurs biens et celui de leurs amis, pour dernier recours, ont tant de fois remué, fouillé et tracassé dans cette maison qu'il n'y reste que deux caves assez bien bâties et les jambes étrières toutes barbouillées de hiéroglyphes capricieux, de gravures mal faites, de mauvais vers et d'inscriptions gothiques que les hermétiques subtilisent à leur ordinaire et quintessencient. Que si on a la curiosité de descendre dans ces caves-là, aussitôt ils montrent le lieu où Flamel s'enterroit pour faire de l'or, et voudront faire croire que ce petit morceau de terre produit et renferme le meilleur or et en plus grande quantité que toutes les Indes orientales et occidentales. Ils ajoutent qu'en 1624 le père Pacifique, capucin, grand chimiste, ayant criblé une partie de cette terre, ensuite fouillant plus avant il trouva des urnes et des vases de grès, remplis d'une matière minérale calciné, grosse comme des dés et des noisettes ; qu'au reste, quoi qu'il pût faire pour en tirer de l'or, toute sa science et son art échouèrent contre ce petit banc de grès et de sable. Bien plus, disent-ils, un Seigneur allemand, ayant creusé à un autre endroit, ne fut pas moins heureux que le père Pacifique, mais une femme par malheur qui logeoit dans la maison, ayant découvert à un coin, plusieurs phioles de grès couchées sur des matras de charbon et pleines de Poudre de Projection, s'en étant saisie, ignorante qu'elle étoit, tout ce grand trésor périt entre ses mains ; et quoiqu'ensuite pour avoir reconnu sa faute, elle ait affecté de demeurer dans tous les autres logis qui avoient appartenu à Flamel, elle a eu beau fouiller et vouloir pénétrer jusqu'à la première pierre de fondemens, jamais elle n'a pu recouvrer sa perte. »

L'abbé Villain même, vexé sans doute par la notoriété croissante du principal bienfaiteur de son église, nous rapporte une anecdote de son temps. Il voulut ridiculiser ceux qui croyaient ces histoires fantastiques :

« Flamel, il y a un nombre d'années, fut rendre visite à M. Desalleurs, alors ambassadeur de France à la Porte. Et ce qui doit plus intéresser puisque le fait est presque présent, l'année dernière 1761, Flamel, Perrenelle et un fils qu'ils ont eu dans les Indes, ont paru à Paris à l'Opéra. Un seigneur instruit du jour où ces hommes merveilleux devaient se montrer, fut au spectacle, accompagné d'un peintre qui devait dessiner les trois prodiges. »

Poisson ajoute le fait divers suivant :

> « Au mois de mai 1819 un inconnu louait une boutique à Paris, rue de Cléry, numéro 22. Bientôt des affiches apprirent au public que Nicolas Flamel était encore vivant, dans des expériences quotidiennes l'adepte multipliait des lingots d'or ; bientôt il allait ouvrir un cours de philosophie hermétique ; pour avoir le droit d'y assister, il suffisait de prendre une simple inscription de 300 000 francs. Aucun disciple n'ayant répondu à l'appel, l'adepte disparut de la circulation et depuis oncques n'a-t-on entendu parler de lui. »

Au XIXᵉ siècle, l'esprit romantique s'empara avec enthousiasme d'un thème qui réunissait si bien le dramatique et le moyenâgeux. Citons l'aventure fantastique du « Souffleur » par Monteil, dans son *Histoire des François de divers états*, de 1846-1857. Un vieux clerc tonsuré nommé Marcel s'abandonne à l'étude, à l'adoration presque, de Nicolas Flamel :

> « Je considérais son effigie, entourée des emblèmes de son art ; je rêvais à l'immense étendue de ses connaissances, par lesquelles il dominait la nature : à la fin mes idées changeant de cours, je me dis qu'à la place de Flamel, je ne me serais pas contenté de pouvoir tout changer en or, j'aurais tout voulu changer en verre, tout rendre transparent ; par ce moyen, en premier abord, j'aurais connu mon homme, je n'aurais pas cherché la vérité dans ses yeux, je l'aurais vue dans son cœur... »

Ensuite, Marcel rencontre Flamel ressuscité, qui démontre qu'il est parfaitement capable de fabriquer « toute sorte de matières ». Il crée dans son « creuset » une poudre qui transforme d'abord le clerc, puis une bonne partie de Paris, en verre !

Encore au XXᵉ siècle, Flamel continue à inspirer les romanciers : *le Faiseur d'or*, de L. Larguier (1936) ; *l'Homme qui fabriquait de l'or*, de L. Sandy (1944). *L'Œuvre au noir* de M. Yourcenar (1968) le mentionne. Il y a même dans la légende de Flamel suffisamment de saveur pour satisfaire à des goûts plus populaires : *la Ruée vers l'or*, dans *Hebdoma-*

daire Tintin (N° 30) ; *le Faiseur d'or : les Aventures de Spirou et Fantasio,* de Fournier (1970).

Le Faiseur d'or : Les Aventures de Spirou et Fantasio (1970).

L'étude curieuse de Muraise, Le « livre de l'ange », histoire et légende alchimique de Nicolas Flamel (1969), fut la source directe du discours fantaisiste de J. Driot, prononcé devant une réunion de la Cour d'Appel de Toulouse, en 1971 :

> « Dès sa naissance, par amitié pour son père, le rabbin Issac ben Yocum a dressé son horoscope. Le thème astral est bon. Nicolas sera toute sa vie sous l'influence favorable du 2 et du 3, et le vieux juif sait déjà qu'il sera généreux et secret avec des tendances mystiques "et le pressentiment des liens naturels qui unissent l'homme au cosmos".
> Me. Thomas, son père, tenait à l'enseigne "le Barillet" une modeste échoppe d'écrivain-juré. Il a décidé que son fils lui succéderait, mais avec le titre de maître-ès-arts garantis-

> sant des qualités de rhétorique propres à attirer la clientèle
> des plaideurs acharnés et des amoureux transis...
>
> [...] le creuset était plein d'argent noble que les époux ont
> fondé en lingots. Pas très rassurée, Dame Pernelle a été les
> changer, rue des Lombards, contre des livres tournois... »

L'idée qu'un ange aurait montré à Flamel endormi le vieux
livre avant son achat ne prend pas sa source dans le texte
du *Livre*. Pourtant, elle est souvent répétée par des auteurs
modernes. Flamand, par exemple :

> « Une nuit, un ange apparut à Flamel dans son sommeil.
> Tenant à la main un vieux livre richement historié, il pro-
> nonça ces paroles : "Flamel, regarde ce livre, tu n'y com-
> prends rien, ni toi ni bien d'autres, mais tu y verras un jour
> ce que nul n'y sait voir !" Flamel tendit alors la main vers
> le livre, mais l'ange disparut aussitôt avec lui dans un nuage
> d'or. »

Pour illustrer l'actualité du personnage de Flamel comme
il est généralement représenté, citons finalement le cas d'Erik
Satie. Mort en 1925, ce compositeur fut un des grands excen-
triques du siècle, renommé pour l'originalité de son esprit
comme pour son comportement souvent bizarre. Il avait lu
un article sur Flamel dans l'*Histoire de Paris* de Dulaure, qu'il
cite dans son petit article, « Un Très Vieil homme de
lettres [1] », paru dans le *Catalogue* du libraire parisien, Pierre
Trémois, le 4 juin 1922. A certains égards, Satie prit Flamel
comme modèle. On cite souvent l'intérêt évident de Satie pour
la calligraphie. Tout comme Nicolas Flamel laissait un peu
partout ses fameuses lettres initiales, N F, Satie signe ses par-
titions, ses lettres, ses brouillons, fièrement de ses initiales E
S. Dans un de ses cahiers, à la Bibliothèque nationale, on
trouve une page où il essaie différentes formes de cette
signature.

Dans sa jeunesse, Satie passa par une période qualifiée de
« mystique », caractérisée en partie par des imitations d'écriture gothique, des écrits et des titres pseudo-médiévaux. Il fut
même à un moment le compositeur « officiel » de la secte rosi-
crucienne, bien qu'il se brouillât rapidement avec le « Sâr »
Joseph Péladan. Ensuite il satirisa les rites et les structures

de la Rose-Croix dans une série de brochures « gothiques »,
avec citations de musique grégorienne. Il fonda même sa propre Église Métropolitaine d'Art de Jésus Conducteur, avec son
journal, le *Cartulaire* ! Il employa souvent cette calligraphie
« gothique » plus tard au cours de sa carrière, dans une série
de petites annonces facétieuses, par exemple. L'idée même
d'inscriptions publiques semble l'avoir attiré. Quand il menait
la vie de bohème à Montmartre dans sa jeunesse, il afficha
sur le mur de sa résidence (son « Abbatiale ») proclamations
et excommunications ; plus tard, à Arcueil, en face de l'immeu-
ble où il vivait en reclus, on remarqua une notice griffonnée
à la craie : « Cette maison est habitée par le diable. » Satie
fut non seulement le « premier Hippy », mais peut-être un
« tagueur » avant la lettre ! Voici son article :

> « Je ne puis passer auprès de l'exquise tour Saint-Jacques
> sans penser à un vieux lettré lequel exerçait, au XVe siècle,
> la profession d'écrivain-calligraphe — profession qui lui fut
> lucrative, semble-t-il. Je veux parler de Nicolas Flamel, notable
> de Paris, confrère et bienfaiteur de sa paroisse l'église Saint-
> Jacques-la-Boucherie *(démolie pendant la révolution, cette église,
> située rue des Arcis, fut commencée au XIIe siècle — d'après ce
> que j'ai pu observer, sans en avoir l'air).* Oui...

★

> De nos jours, dans le voisinage de ladite et ancienne
> demeure de Dieu *(demeure dont je viens de parler),* deux rues
> évoquent les mémoires de Pernelle, sa femme, et de la sienne
> propre à lui, Flamel : — rues créées sur l'emplacement des
> maisons de la rue des Cinq-Diamants et de celle de la vieille
> rue de Marivaux (Mariveau, d'après le Plan Turgot).

★

> Comme vous le supposez, je n'ai pas connu personnelle-
> ment Nicolas Flamel — pour plusieurs raisons ; mais son sou-
> venir m'est toujours resté sympathique. Sa réputation de sor-
> cier ne me déplaît pour ainsi dire pas, car elle chatouille ma
> curiosité — et l'excite *(convenablement, bien entendu).* Oui.
> J'ignore quels sont les ouvrages copiés par lui. Je sais qu'il
> était vénérable, et que ses libéralités furent nombreuses, très

importantes ; et ce sont ces libéralités qui laissent supposer qu'il possédait une grosse fortune, bien que la légende lui prête le pouvoir de faire de l'or — en barre ou autrement *(suivant son idée, à cet homme).*

★

A ce que dit Dulaure, dans son *Histoire de Paris*, Nicolas Flamel aimait à composer des textes d'inscriptions qu'il éditait lui-même sur les murs. Il en plaçait de tous côtés ; et ce qui reste de sa maison *(année 1407)* — rue de Montmorency, touchant la rue Saint-Martin — en est tout rempli. Oui.
Vous pouvez le constater par vous-même.

★

Comme poète, Flamel est peu célèbre — toutefois le même Dulaure, dans son *Histoire de Paris*, cite les deux vers (?) suivants :
"De terre suis venu, et en terre retorne,
L'âme, rends à toi J.H.S. qui les péchiés pardonne."

Ce dernier vers (?) est remarquable par son extrême longueur. En tout cas, c'est un des plus longs qui existent. Sans doute, un vers de sorcier ou de calligraphe. Je suis heureux de le connaître.
Dulaure ajoute qu'au-dessous était gravé un cadavre, ce qui n'est pas gai — n'est-ce pas ? »

NOTE

1. Pour une traduction en anglais, voir N. Wilkins, *The Writings of Erik Satie*, Londres, 1980, pp. 120-121.

CONCLUSION

Parmi les vers de Gerson, inscrits en dessous de la *Dance Macabre* aux Innocents, en haut des arcades des charniers, on lisait des propos adaptés aux membres de chaque couche sociale, de tous les états, pape, empereur, évêque, ménestrel... car personne n'est exempt de danser avec la Mort. Accompagnant l'image du bourgeois, comme cela nous est communiqué par l'édition de Guyot Marchant, de 1485, nous lisons ceci :

> « Grant mal me fait si tost laissier
> Rentes, maisons, cens, norriture ;
> Mais povres, riches abaissier
> Tu faiz, Mort, telle est ta Nature.
> Sage n'est pas le creature
> D'amer trop les biens qui demeurent
> Au monde, et sont siens de droiture.
> Ceulx qui plus ont, plus enviz meurent. »

Ces vers, moralisants, résument sans doute, l'attitude caractéristique de la classe bourgeoise. Le bourgeois Nicolas Flamel, cependant, fit exception. Il travailla dur dans son métier de libraire-copiste, et sut attirer des clients riches et importants. Sa femme Pernelle, déjà deux fois veuve quand il l'épousa vers 1370, lui apporta un certain capital. Il fit des placements judicieux à une époque difficile et dangereuse, achetant et construisant plusieurs maisons, négociant des rentes un peu partout. Mais sa réussite ne lui tourna pas la tête. Il vécut en bon chrétien, humble, sans folles dépenses personnelles. Il ne voulut pas garder pour lui rentes et maisons, mais les légua à son église pour le bien des pauvres et la gloire de Dieu.

La Mort et le Bourgeois. De la Dance Macabre *(1485).*

Si la conclusion semble décevante, si Flamel fut un homme « peut-être un peu singulier, mais d'ailleurs fort ordinaire », comme le dit l'abbé Villain, un homme qui travailla honnêtement, exploitant ses talents dans le domaine de la calligraphie aussi bien que dans celui de la gestion de ses biens, il y a cependant un aspect compensatoire : l'exploration de la vie, des légendes, des textes, des manuscrits, des livres flaméliens est une aventure surprenante qui nous fait traverser les disciplines et les siècles. Richesse d'expérience intellectuelle qui vaut mieux sans doute qu'un lingot d'or de qualité douteuse.

Il est évident, d'après les témoignages que nous avons recueillis, qu'il a toujours existé une opposition à l'encontre des alchimistes : la voix de la raison ou de la foi, contre la voix du mysticisme, l'abbé Villain contre Dom Pernety, Sauval contre Borel. On a même vu des auteurs qui donnent l'impression de mener une enquête scientifique, mais qui faussent les faits ou les comprennent mal, et aboutissent ainsi à des conclusions surprenantes : Poisson, Canseliet, Gagnon. Au lecteur de juger si nous avons mieux réussi !

Comme nous l'avons vu, les textes alchimiques, surtout les inventions géniales des XVIIe et XVIIIe siècles, sont souvent inséparables de la légende de Flamel. De même, le symbolisme alchimique s'apparente à l'art surréaliste. André Breton, dans le *Second Manifeste du Surréalisme*, n'a-t-il pas appelé la deuxième Arcade de Flamel : « *le* tableau surréaliste » ? Et il ajoutait :

> « [...] les recherches surréalistes présentent, avec les recherches alchimiques, une remarquable analogie de but : la pierre philosophale n'est rien d'autre que ce qui devait permettre à l'imagination de l'homme de prendre sur toutes choses une revanche éclatante... »

Ce qui nous ramène au XXe siècle, car Breton se trouve à Beaubourg, à Paris, en cet été 1991.

BIBLIOGRAPHIE

1) Éditions des textes (par ordre chronologique)

J. GOHORY, *De la transformation métallique : trois anciens trac-tez en rithme françoise, Asçavoir La Fontaine des amoureux de science : autheur J. de la Fontaine. Les Remonstrances de Nature à l'alchymiste errant avec la response dudit Alchy. Par J. de Meung, ensemble un tracté de son Romant de la Rose, concernant le dict art. Le Sommaire Philosophique de N. Flamel avec la défense d'iceluy art et des honestes perso-nages qui y vaquent : contre les efforts que I. Girard mect à les oultrager,* Paris, 1561, 1589. Réimpr. *La Métallique Transformation,* Lyon, 1590, 1618. Autres éditions en latin : dans K. Frick, *Museum hermeticum reformatum et amplificatum,* Francfort, 1677, 1678, 1749 ; N. Salmon, *Bibliothèque des philosophes alchymiques ou hermétiques,* nouv. éd., 4 vol., Paris, 1754, vol. II. *[Sommaire.]*

Annotationes, dans G. Dorn, *Trevisanus de Chymico miraculo, quod lapidem philosophiae appellant,* Bâle, 1583, pp. 117-119 ; 2ᵉ éd. 1600. [Abrégé en latin du *Sommaire Philosophique.*] Réimpr. dans *Theatrum Chemicum,* Stras-bourg, 1613, 1659 ; J. Manget, *Bibliotheca Chemica Curiosa,* 1702.

H. VOGEL, *Offenbarung der Geheymussen der Alchimy...,* Stras-bourg, 1605. [Extrait du *Sommaire* en allemand, abrégé.]

D. LAGNEAU, *Harmonia seu consensus philosophorum chemico-rum,* Paris, 1611. [Extraits des *Annotationes,* etc.]

Vier nützliche chymische Tractat vom Stein der Weisen, Halle, 1612. [*Sommaire* en allemand.]

« Pierre Arnauld de la Chevalerie », *Trois Traictez de la Philosophie naturelle non encore imprimez. Scavoir le Secret Livre du très-ancien Philosophe Artephius, traictant de l'art occultel et transmutation Métallique, Latin François, plus Les Figures Hierogliphiques de Nicolas Flamel ainsi qu'il les a mises en la quatriesme arche qu'il a bastie au Cimetiere des Innocens à Paris, entrant par la grande porte de la rue S. Denys, et prenant la main droicte, avec l'explication d'icelles par iceluy Flamel ENSEMBLE le vray Livre du docte Synesius Abbé Grec, tiré de la Bibliothèque de l'Empereur, sur le même sujet, le tout traduit par P. ARNAULD, sieur de la Chevallerie Poictevin...*, à Paris, 1612 : i. Chez la vesve M. Guillemot et S. Thiboust, au Palais en la galerie des prisonniers. ii. chez Guillaume Marette, rue Sainct Iacques, au Gril, pres sainct Benoist ; 1659, chez T. Iolly, Libraire Iuré, ruë saint Iacques, au coin de la rué de la Parcheminerie, aux Armes de Hollande ; 1682, *Philosophie naturelle de trois anciens philosophes rennomez, Artephius, Flamel, et Synesius, Traitant de l'Art occulte, & de la Transmutation metallique. DERNIÈRE ÉDITION ; Augmentée d'un petit Traité de Mercure, & de la Pierre des Philosophes de G. Ripleus, nouvellement traduit en François.* A Paris, chez L. d'Houry, sur le Quay des Augustins, à l'image Saint-Jean. [*Livre* « traduit de latin en françois par P. Arnauld, sieur de la Chevalerie, gentil-homme Poictevin ».] Éd. fac-similé de l'éd. 1682 (malgré la préface qui cite l'éd. 1612), Paris, 1977. Aussi *Artephius, Le Livre secret du très ancien philosophe Artephius traitant de l'art occulte et de la pierre philosophale*, texte français suivi du texte en latin, Paris, 1990.

M. SENDIVOGIUS, *Tractatus de Sulphure*, Cologne, 1616. Trad. fr., *Traicté de Soulphre, Second Principe de la Nature traduit de latin en françois par F. Guirand, Docteur en médecine, avec plusieurs autres Opuscules du même sujet : Œuvre royalle de Charles VI Roy de France ; Thresor de philosophie, ou Original du Désir désiré de Nicolas Flamel, livre tres-excellent contenant l'ordre et la voye qu'a observé le dit*

Flamel en la composition de l'œuvre physique, comprise sous ses figures hieroglyphiques. Extrait d'un ancien Manuscrit, Paris, 1618, 1629. [Apocryphe : *Désir désiré.*]

« Ein kurtzer Traktat gennant Summarium Philosophicum N. Flamelli », dans *Wasserstein der Weysen...,* Francfort, 1619.

E. ORANDUS, *Nicolas Flammel, his Exposition of the hieroglyphicall figures, which he caused to bee painted upon an arch in S. Innocents church-yard, in Paris...,* Londres, 1624. *[Livre.]*

P. BÉRAUD, *Le Grand Eclaircissement de la pierre philosophale pour la transmutation de tous les métaux, par Nicolas Flamel,* Paris, 1628, 1638 ; Amsterdam, 1782. [Apocryphe : d'un disciple de Lulle.] [Répr. fac-similé de l'éd. de 1628, éd. Arma Artis, Neuilly-sur-Seine, 1976.

D. LAGNEAU, *Harmonie mystique, ou Accord des philosophes chymiques avec les scholies sur les plus difficiles passages des autheurs y allégués, le tout par le Sr L'Agneau d'Aix-en-Provence, Conseiller et médecin du Roy, traduit par le Sr. Veillutil,* Paris, 1636. [Traduction de l'*Harmonia* (1611), mais avec des additions de Veillutil, notamment des extraits du *Livre* d'après Arnauld (1612).]

Zwey ausserlesene chymische Büchlein. I. Das Buch der hieroglyphischen Figuren Nicolai Flamelli des Schreibers wie dieselben stehen unter dem vierdten Schwiebogen auf dem Kirchhoffe des unschüldigen Kinder zu Paris..., s.l., 1669. *[Livre].*

Dass Kleinot der Philosophie, oder das Original der Begierde Nicolai Flamelli, s.l., 1669, 1672. [Apocryphe : *Désir désiré* en allemand.]

SALMON, *Livre des Figures hiéroglyphiques,* dans *Bibliothèque des philosophes chymiques,* 2 vol., Paris, 1672-1678 (I, 49) et 4 vol., Paris, 1741 (vol. II). *[Livre.]*

Tractatus brevis, sive summarium philosophorum, voir *Musæum hermeticum, reformatum et amplificatum,* Francfort, 1678. [Texte intégral du *Sommaire* en latin.]

Nicolai Flamelli, chymische Werke als das güldene Kleinod der hierogliphischen Figuren. Das Kleinod der Philosophie. Summarium philosophicum, etc., Hambourg, 1680-1681. *[Livre.]*

Aurifontana Chymica : or, a Collection of fourteen small Treatises concerning the First Matter of Philosophers..., Londres,

1680. [N° 5 : Nic. Flammelli, his *Summary of Philosophy* : *Sommaire*.]

Büchlein zwey auserlene chymische : Das Buch der hieroglyphischen Figuren Nicolai Flamelli..., Hambourg, 1681. *[Livre.]*

SIR K. DIGBY, *Chymical Secrets and Rare Experiments [...] the Philosophical Arcanum of Flamel...*, Londres, 1683.

J. SIEBMACHER, *Wasserstein der Weysen oder Chymisches Tractätlein...*, Francfort, 1619, 1703, 1704, 1709, 1743. [*Sommaire* en allemand.]

LENGLET DU FRESNOY, éd., *Le Roman de la Rose*, 3 vol., Amsterdam & Paris, 1735, vol. III. *[Sommaire.]*

J.M.D.R., *Bibliothèque des philosophes chimiques*, 5 vol., Paris, 1741. *[Figures d'Abraham le Juif.]*

Des berühmten Philosophi Nicolai Flamelli Chymische Werke als 1. Das güldene Kleinod der Hieroglyphischen Figuren ; 2. Das Kleinod der Philosophiae ; 3. Summarium Philosophicum ; 4. Die grosse Erklärung des Steins der Weisen zur Verwandelung aller Metallen ; 5. Schatz der philosophiae, Dem Liebhabern der Kunst aus dem Französischen in das Teutsche übersezt von J.L.M.C. Zu finden bey Johan Paul Kraus, Buchhändler in Wienne. Vienne, 1751. [Livre, Désir désiré, Sommaire, Grand Esclaircissement.]

J. DE RICHEBOURG, *Bibliothèque des Philosophes Chimiques...*, 4 vol., Paris, 1760. [Vol. II : *Livre ; Sommaire ; Désir désiré*.]

M. MÉON, éd., *Le Roman de la Rose*, 4 vol., Paris, 1813, vol. IV. *[Sommaire].*

A. POISSON, *Nicolas Flamel : sa Vie, ses Fondations, ses Œuvres*, suivi de la réimpression du *Livre des Figures hiéroglyphiques et de la Lettre de Dom Pernety à l'abbé Villain*. Paris, 1893 (Gutenberg Reprint, 1981). *[Livre.]*

M. PRÉAUD, *Nicolas Flamel : le Livre des Figures hiéroglyphiques (plus le Sommaire Philosophique et le Désir désiré*, précédés d'un avant-propos de René Alleau et d'une étude historique sur Nicolas Flamel par Eugène Canseliet ; Textes revus sur les éditions anciennes et suivis d'un glossaire et de notes bibliographiques par Maxime Préaud), Paris, 1970, 1977.

E.-Ch. FLAMAND, *Nicolas Flamel : Œuvres (Les Figures hiéroglyphiques ; le Sommaire philosophique ; le Livre des Laveures ; le Brévière)*, Paris, 1973, 1989.

2) Autres Textes et Études critiques (par ordre alphabétique)

ABRAHAM LE JUIF, *Aesch Mezareph*, éd. ; W. Rosenroth, rééd., W. Wescott, Londres, 1894.

Alchemy and the Occult : from the Collection of Paul and Mary Mellon, 4 vol., Yale University Library, New Haven, 1977.

R. ALLEAU, *Aspects de l'alchimie traditionnelle*, Paris, 1953.

— Article : « Alchimie », dans l'*Encyclopédia Universalis*.

ANON., « La Maison de Nicolas Flamel », dans *L'Illustration* (2ᵉ semestre 1911), p. 127.

— *Nicolas Flamel* (biographie), Lille, 1864.

M. AUBERT, « La Maison dite de Nicolas Flamel, rue Montmorency, à Paris », dans *Bulletin Monumental* 76 (1912), pp. 305-318.

Auriferae Artis, quam chemicam vocant..., Bâle, 1572, 1593, 1610.

G. BACHELARD, *La Psychanalyse du feu*, Paris, 1938 (réimpr. 1965).

J.-C. BARCHUSEN, *Elementa Chemiae*, Leyden, 1718.

A. BERNARD, « La Maison de Nicolas Flamel, rue de Montmorency, 51, à Paris », dans *Mémoires de la Société nationale des antiquaires de France* 21 (1852), pp. 375-383.

R. DE BERQUEN, *Les Merveilles des Indes Orientales et Occidentales. [...] Les Raisons contre les chercheurs de la Pierre Philosophale et souffleurs d'Alquemie*, Paris, 1661, 1669.

M. BERRY et M. FLEURY, *L'Enceinte et le Louvre de Philippe Auguste*, Paris, 1988.

P. BERTHELOT, *La Chimie au Moyen Age*, Paris, 1893.

L. BOCQUET, « Flamel, le pseudo-alchimiste », dans *Aesculape* 9-10 (septembre-octobre 1953), pp. 188-192.

Estienne BOILEAU, *Livre des Métiers*, éds voir : 1) Depping ; 2) Lespinasse.

« Le Comte de Bombaste », *Le Trompette François, Ou, fidèle François*, 1609.

— *La Prophetie de ce grand Bonbast fidèlement annoncé par le Trompette françois*, 1610.

P. Borel, *Bibliotheca chimica seu catalogus librorum philosophorum hermeticorum*, Paris, *Apud Carolum Du Mesnil, via Iacobea, ad Insigne Samaritanae iuxta Sanctam Iuonem. Et Thomam Iolly, via Veteris Enodationis juxta terminum Pontis D. Michaëlis, sub scuto Hollandico*, 1654 et Heidelberg, 1656.

P. Borel, *Trésor de Recherches et Antiquitez Gauloises et françoises*, Paris, 1655.

Bourgeois de Paris, *Le Journal d'un Bourgeois de Paris de 1405 à 1449*, éd. C. Beaune, Paris, 1990.

A. Breton, *Second Manifeste du Surréalisme*, dans *Les Manifestes du Surréalisme*, Paris, 1955.

A. Callet, « A travers le IIIᵉ. La Maison de Nicolas Flamel », dans *La Cité* (avril 1912), pp. 220-222.

E. Canseliet, « Nicolas Flamel » dans *La Tour Saint-Jacques* nᵒ 2 (janvier-février 1956) et nᵒ 3 (mars-avril 1956).

— « Note liminaire sur le dictionnaire de Pernety », dans *Initiation et Science* 45 (janvier-mars 1958), p. 5.

M. Caron et S. Hutin, *Les Alchimistes*, Paris, 1959.

E. Defrance, « La Maison et la fortune de Nicolas Flamel », dans *Les Amis de Paris* 47 (janvier 1918), pp. 19-23 ; 48 (janvier 1919), pp. 34-37.

L. Delisle, *Le Cabinet des manuscrits de la bibliothèque impériale/nationale*, 4 vol., Paris, 1868-1881.

G.-B. Depping, *Dissertation sur l'état de l'industrie et du commerce de Paris au XIIIᵉ siècle, pour servir d'introduction au « Livre des Métiers » d'Étienne Boileau, Prévôt de Paris en 1258*, Paris, 1837.

G.-B. Depping, éd., *Le Livre des Métiers d'Étienne Boileau*, Paris, 1837.

S. Douay, « Nicolas Flamel et la pierre philosophale », dans *Histoire magazine* 17 (mai-juin 1981), p. 83.

J. Driot, *Démons et merveilles du Grand Œuvre de Nicolas Flamel*, Toulouse (cour d'Appel), 1971.

N. du Fail, *Contes et discours d'Eutrapel*, Rennes, 1595.

V. Dufour, *La Dance macabre des SS. Innocents de Paris*, Paris, 1874.

D. Duveen, *Bibliotheca Alchemica et Chemica : an annotated Catalogue of Printed Books*, Londres, 1949.

Effoyables pactions faits entre le Diable et les prétendus Invisibles, Paris, 1623.

M. Eliade, *Forgerons et Alchimistes*, Paris, 1956 (nouv. éd. 1977).

J. d'Espagnet (« Chevalier Imperial »), *Le Miroir des Alchimistes, où l'on voit les erreurs qui se font en la recherche de la Pierre Philosophale, par explication de diverses Sentences des Anciens Philosophes qui en ont escrit, soubs figures, analogies, & couvertement au general. Avec Instruction aux Dames, pour doresnavant estre belles, & en convalescence, sans plus user de leurs fards venimeux ordinaires, Seconde edition, Augmentee d'un advertissement contre un livre, compose par Matresart. Perfection de la Chimie. Par le Chevalier Imperial. In amore et timore (divino) omnia*, 1609.

— *Enchiridion Physicae Restituae. In quo versus Naturae concentus exponitur, plurimi antiquae Philosophiae errores, per communes et certas demonstrationes dilucide aperientur. Tractus alter inscriptus. Arcanum Hermeticae Philosophiae Opus : In qui occulta et Naturae & Artis circa Lapidis Philosophorum materiam & operandi modum canonicem et ordinatem fiunt manifesta. Utrumque opus eiusdem Authoris anonymi. Spes mea est in agno.* Paris, 1623, 1638, 1642, 1647 ; Genève, 1653, 1673.

— *La Philosophie Naturelle Restablie en sa Pureté. Où l'on voit à découvert toute l'œconomie de la Nature, & où se manifestent quantité d'erreurs de la Philosophie Ancienne, estant rédigée par Canons 5 démonstrations certaines. Avec le Traité de l'Ouvrage Secret de la Philosophie d'Hermez, qui enseigne la matière, & la façon de faire la Pierre philosophale. Spes mea est in agno*, Paris, 1651.

M. Fleury et G.-M. Leproux, éds, *Les Saints-Innocents*, Paris, 1990.

Jean de la Fontaine, *La Fontaine des amoureux de science*, Paris, vers 1510 ; dans J. Gohory, *De la transformation métallique*, Paris, 1561, etc., Lyon, 1618.

A. Franklin, *Les Rues et les Cris de Paris au XIIIᵉ siècle*, Paris, 1874 (réimpr. 1984).

F. Fréville, *L'Église et la Tour Saint-Jacques-de-la-Boucherie. Étude historique. Légende de Flamel...*, Paris, 1857.

Fulcanelli, *Les Demeures philosophales*, 1930 (nouv. éd., 2 vol., Paris, 1956.

C. Gagnon, *Analyse archéologique du « Livre des figures hiéroglyphiques » attribué à Nicolas Flamel*, Paris, 1975 [thèse.]

W. Ganzenmüller, *L'Alchimie au Moyen Age*, Paderborn, 1938.

J. Gohory, éd., *Le Livre de la Fontaine périlleuse, avec la charte d'amours : autrement intitulé le Songe du verger*, Paris, 1572.

J. Grismond, *Theatrum chemicum Britannicum*, Londres, 1652.

F. de Guilhermy, *Inscriptions de la France du Vᵉ au XVIIIᵉ siècles : Ancien diocèse de Paris*, Paris, 1873 ; I, pp. 58-60.

Guillebert de Metz, *Description de Paris (1434)*, voir Le Roux de Lincy.

Guillot de Paris, *Les Rues de Paris*, éd. D.-M. Méon, *Fabliaux et contes des poètes françois des XI, XII, XIII, XIV et XVᵉ siècles, tirés des meilleurs auteurs par Barbazan...*, 4 vol., Paris, 1808 ; II, pp. 237-276.

R. Halleux, *Les Textes alchimiques*, fasc. 23 du *Typologie des sources du Moyen Age occidental*, éd. L. Genicot, Turnhout, 1972.

P. Hartmann, « Nicolas Flamel », dans *La Cité* I (1902-1903), pp. 133-140.

— *Nicolas Flamel*, Lille, 1902.

A. Hiver de Beauvoir, *La Librairie de Jean, duc de Berry*, Paris, 1860.

Hoeffer, *Histoire de la chimie*, 2 vol., Paris, 1842.

H. Hogier, « Nicolas Flamel », dans *La Cité* V (1910), pp. 62-66.

« Hortensius Flamel », *Le Livre rouge : résumé du magisme, des sciences occultes et de la philosophie hermétique*, Paris, 1842.

C. Jung, *Psychologie et Alchimie*, Zurich, 1944.

Juvénal des Ursins, *Histoire de Charles VI*, éd. D. Godefroy, Paris, 1653.

R. DE LA CROIX, « Diables à cornes, disciples à cornues. Maître Nicolas Flamel », dans *Miroir de l'histoire* 251 (novembre 1970), pp. 109-116.

La Croix de Maine, *La Bibliothèque du sieur de la Croix de Maine, qui est un Catalogue général de toutes sortes d'autheurs qui ont escrit en François depuis 500 ans et plus*, Paris, 1584.

— *Les Bibliothèques françoises de la Croix de Maine et de Du Verdier*, nouv. éd., Rigoley de Juvigny, 6 vol., Paris, 1772-1773.

P. LA MARTINIÈRE, *Tombeau de la Folie : le Chymique ingénu, ou l'Imposture de la pierre philosophale, découverte par le sieur de La Martinière, médecin et opérateur ordinaire du Roy*, Paris, c. 1660.

L. LAMBEAU, « La Maison de Nicolas de Flamel, rue de Montmorency, 51 », dans *Vieux Paris* (décembre 1916), pp. 282-290.

L. LARGUIER, *Le Faiseur d'or : Nicolas Flamel*, Paris, 1936.

La Vérité sortant du puits hermetique, ou la vraye quintessence solaire et lunaire, baume radical de tout Estre, et origine de toute vie. Confection de la médecine universelle, Londres, et se trouve à Paris, 1753.

DE LAVILLEGILLE, « Description de la pierre tumulaire de Flamel », dans *Mémoires de la Société des antiquaires de France*, XV (1849).

J. LÉAUTÉ, « La Maison de Nicolas Flamel », dans *Paris historique* 60 (1er trimestre 1989), pp. 5-7.

Légendes populaires : Nicolas Flamel, Brochure. Paris, s.d.

R. LE BAILLIF DE LA RIVIÈRE, *Le Demosterion [...] auquel sont contenuz trois cens aphorismes latins et françois. Sommaire véritable de la médecine paracelsique...*, Rennes, 1578.

J.M.C. LEBER, *Relation de la découverte du Livre d'or et du voyage de Galice par Nicolas Flamel* (Collection des meilleures dissertations..., t. 15), 1826.

M. LE MOËL et J. DÉRENS, éds, *La Place de Grève*, Paris, 1991.

LENGLET DU FRESNOY, *Histoire de la Philosophie hermétique*, Paris, 1742.

J. VAN LENNEP, *Art et Alchimie*, Bruxelles, 1966.

J. LEONARD, *Crusaders of Chemistry. Six Makers of the Modern World*, New York, 1930. [Chapitre sur Flamel.]

M. LE ROUX DE LINCY & L. TISSERAND, *Paris et ses Historiens aux XIV⁵ et XV⁵ siècles*, Paris, 1867.

R. DE LESPINASSE & F. BONNARDOT, éd., *Le Livre des Métiers d'Étienne Boileau*, Paris, 1879.

— *Les Métiers et les corporations de la Ville de Paris*, III, Paris, 1897.

E. VON LIPPMANN, *Enstehung und Ausbreitung der Alchimie*, Berlin-Weinheim, 1919-1954.

P. LUCAS, *Voyage du Sieur Paul Lucas fait par ordre du Roy dans la Grèce, l'Asie mineure, la Macédonie et l'Afrique*, 2 vol., Paris, 1711 ; vol. I, pp. 111-112.

M. MAGNE, *Magiciens et illuminés...*, Paris, 1930.

P. MARIEL, « Le Secret de Nicolas Flamel », dans *Geographia* 135 (décembre 1962), pp. 29-36.

C. MCINTOSH, *La Rose-Croix dévoilée*, Paris, 1980. [v.o. angl. *The Rosy Cross unveiled.*]

M. MEISS, *French Painting in the Time of Jean de Berry*, 4 vol., Londres & New York, 1967.

A. MESNIER, *Isographie des hommes célèbres ou collection de fac-similé de lettres autographes et de signatures*, 2 vol., Paris, 1828-1830.

J. MEURGEY, *Histoire de la Paroisse Saint-Jacques-de-la-Boucherie*, Paris, 1926.

VILLARS DE MONTFAUCON, *Le Comte de Gabalis ou entretien sur les sciences secrètes*, Amsterdam, 1700.

A.-A. MONTEIL, *Histoire des François de divers états*, 10 vol., Paris, 1846-1857.

L. MORERI, *Le Grand dictionnaire historique, ou le Mélange curieux de l'histoire sainte et profane*, Lyon, 1674, etc.

L. MOULIN, *La Vie des étudiants au Moyen Age*, Paris, 1991.

E. MURAISE, *Le « Livre de l'ange », histoire et légende alchimique de Nicolas Flamel*, Paris, 1969.

Mutus Liber, La Rochelle, 1677.

J.H. MYLIUS, *Tractatus secundi seu basilicae chymicae*, Francfort, 1620.

G. NAUDÉ, *Révélation à la France sur la vérité de l'histoire des Frères de la Rose-Croix*, Paris, 1623.

T. d'Ouet, *Jacquemin Gringonneur et Nicolas Flamel*, Paris, 1855.

Dom Pernety, *Dictionnaire mytho-hermétique...*, Paris, 1758.

— « Lettre sur l'Essai sur Saint-Jacques-la-Boucherie », dans *Année littéraire* (1758), VII.

— « Lettre sur une histoire de Nicolas Flamel », dans *Année littéraire* (1762), III.

M. Plessneu, « The Place of the *Turba Philosophorum* in the Development of Alchemy », dans *Isis* 45 (1954), pp. 331-338.

J. Poche, *Quelques adresses de libraires, imprimeurs, relieurs, marchands, etc., du XVIe siècle*, Paris, 1899.

M. Poëte, *Répertoire des sources manuscrites de l'histoire de Paris*, Paris, 1916.

A. Poisson, Trad., *Cinq Traités d'alchimie des plus grands philosophes. Paracelse, Albert le Grand, Roger Bacon, Raymond Lulle, Arnauld de Villeneuve*, Paris, 1890.

— *Théories et symboles des alchimistes. Le Grand Œuvre ; suivi d'un essai sur la bibliographie alchimique du XIXe siècle*, Paris, 1891.

— *Nicolas Flamel*, Paris, 1893 (Gutenberg Reprint, 1981).

J. Read, *Through Alchemy to Chemistry*, Londres, 1957.

R. Rebotier, *Art de Musique et Art d'Hermès : la musique de Nicolas Flamel*, thèse de l'École pratique des Hautes Études, 1972.

P. Renouard, *Imprimeurs et libraires parisiens du XVIe siècle* [en cours de publication ; cahier manuscrit de la Réserve de la B.N.]

F. Rittiez, *Notice historique sur la Tour Saint-Jacques-la-Boucherie nouvellement restaurée et sur le célèbre Nicolas Flamel et la Dame Pernelle, son épouse*, Paris, 1855.

H. Roosen-Runge, « Recettes de couleurs et de peinture dans les manuscrits du Haut Moyen Age », dans *L'Alchimie : Histoire ; Technologie ; Pratique*, Paris, 1972.

F. Roth-Schultz, *Bibliotheca Chemica*, Nurenberg, 1727-1728 ; 2e éd. 1755. [Portraits de Flamel et d'Helvétius.]

M. Rulandus, *Lexicon Alchimiae*, Hildersheim, 1964.

E. Rümler, « La Maison de Nicolas Flamel », dans *La Construction moderne* 28 (1912-1913), pp. 349-350.

J. Ruska, *Turba philosophorum. Ein Beitrag zur Geschichte der Alchemie*, Berlin, 1931.

J. Sadoul, *Le Trésor des alchimistes*, Paris, 2e éd., 1970.

W. Salmon, *Medicina Practica : or Practical Physick [...] to which is added the Philosophick Works of Hermes Trismegistes, [...] Flamel...*, Londres, 1692, 1707.

Sammlung der neusten und merkwürdigsten Begebenheiten [...] nebst der ausführlichen und sonderbaren Geschichte des grossen Adepten Nicol. Flamelli, Hildersheim, 1780 ; 2e éd. Braunschweig, 1781.

L. Sandy, *L'Homme qui fabriquait de l'or (ou l'histoire de Nicolas Flamel et de Dame Pernelle)*, Toulouse, 1944.

H. Sauval, *Histoire et Recherches des Antiquitez de la ville de Paris*, 3 vol., Paris, 1724.

D. Singer, *Catalogue of Latin and Vernacular Alchemical Manuscripts in Great Britain and Ireland, dating from the xviith Century*, Bruxelles, 1928-1931.

Fournier, *Le Faiseur d'or ; les aventures de Spirou et Fantasio*, (Album bande dessinée), Paris, 1970.

J. Stiennon, *Paléographie du Moyen Age*, éd. rév., Paris, 1991.

F. Taylor, *The Alchemists*, Londres, 1951.

« Textes officiels relatifs aux actes administratifs (restauration de l'inscription de la maison de Nicolas Flamel) », dans *L'Ami des monuments et des arts* XIII (1899), pp. 143-151.

D. Thompson, *The Materials and Techniques of Medieval Painting*, New York, 1956.

L. Thorndyke, *History of Magic and Experimental Science*, New York, 1923-1941.

E. Tiffereau, *L'Art de faire de l'or*, Paris, 1896.

« Tintin : la ruée vers l'or », dans *Hebdomadaire Tintin*, 28e année, n° 30.

Salomon Trismosin, *La Toyson d'or ou la fleur des trésors*, Paris, 1613.

Truschet & Hoyaut, *Plan de Paris (dit « de Bâle ») 1550*, éd. F. Hoffbauer, Paris, 1877.

B. Valentin, *Zwölf Schlüssel*, 1599.

A. Vallet de Viriville, « Quelques Recherches sur Nicolas Flamel », dans *Revue française et étrangère* III (1837).

— « Des ouvrages alchimiques attribués à Flamel », dans *Mémoires de la Société des antiquaires de France*, 3ᵉ série, III (1857) ; réimpr. brochure, s.d.

D. Vallière, « Tout nouveau ! Tout bon ! » (Restaurant Nicolas Flamel), dans *L'Express*, Paris, 1965 (3-4 mars 1989), pp. 28-29.

H. Verlet, *Épitaphier du vieux Paris : IV Les Saints-Innocents*, Paris, 1989.

J. Veyrin Forer et B. Moreau, *Répertoire des imprimeurs parisiens libraires, fondeurs de caractères et correcteurs d'imprimerie*, Paris, 1965.

L'abbé Villain, *Essai d'une histoire de la Paroisse de Saint-Jacques-de-la-Boucherie*, Paris, 1758.

— *Histoire critique de Nicolas Flamel et de Pernelle sa femme. Recueillie d'actes anciens qui justifient l'origine et la médiocrité de leur fortune, contre les imputations des Alchimistes*, Paris, 1761. Réimpr. sous le titre de *Vie de Nicolas Flamel et de Pernelle, sa femme*, Paris, 1782.

— *Lettre à M*** sur celle que Pernety [...] a fait insérer dans une des feuilles de M. Fréron, de cette année 1762, contre l'histoire critique de Nicolas Flamel et de Pernelle sa femme*, Paris, 1893 ; réimpr. dans Poisson (1893), pp. 232-235.

François Villon, *Œuvres*, éd. A. Mary, Paris, 1965.

N. Wilkins, *Music in the Age of Chaucer*, Cambridge, 1979.

W. Wilson, *Catalogue of Latin and Vernacular Alchemical Manuscripts in the United States of America and Canada*, Bruges, 1938-1939.

F. Yates, *La Lumière des Rose-Croix*, Paris, 1985 [v.o. angl. *The Rosicrucian Enlightenment*].

M. Yourcenar, *L'Œuvre au noir*, Paris, 1968.

G. Ziegler, *Nicolas Flamel*, Paris, 1971.

LISTE DES MANUSCRITS

1) Contenant des Œuvres attribuées à Nicolas Flamel

Paris, Bibliothèque nationale :

F. fr. 7036. *Recueil de pièces diverses.* Papier. XVIIᵉ et XVIIIᵉ siècles. 334 p.
   ff. 180-209. *Testament de Nicolas Flamel.*
F. fr. 14765. Papier. XVIIIᵉ siècle. 395 p.
[Habraham, juif, prince, prêtre... — Le Livre des Figures hiéroglyphiques.]
   ff. 197-220. « *L'alchimie de Flamel* » : *Brévière.* Traité de Denys Molinier.
F. fr. 14799. Papier. 1743. 232 p.
Le Livre des Régimes [...] de Nicolas Flamel : Livre des Laveures.
F. fr. 14800. Papier. XVIIᵉ siècle. 64 ff.
Les Remonstrances de la Nature à l'Alchymiste errant, autheur Jean de Meung, etc.
   f. 44. *Le Sommaire philosophique.*
F. fr. 19074. Papier. XVIIᵉ siècle. 143 ff.
Recueil d'Alchimie.
   ff. 117-120. *Le Sommaire philosophique.*
F. fr. 19705. Papier. XVIIᵉ-XVIIIᵉ siècles. 116 p.
Recueil d'Alchimie
   f. 18. *Le Livre des Figures.*
F. fr. 19962. Papier. XVIIᵉ siècle. 52 p.

Le Livre des Laveures. « *composé par ung autheur incertain.* »
Biffé au titre « que l'on dit estre Me Arnauld de
Villeneufve ».
F. fr. 19963. Papier. XVIIe siècle. 190 ff.
Le livre des Laveures, « *par Nicolas Flamel* ».
F. fr. 19978. Vélin. XVe siècle. 67 ff.
Livre des Laveures.
F. fr. 25320. Papier. XVIIe siècle. 76 p.
Recueil de formules alchimiques : Élixir de vie de Lulle, etc.
ff. 14v-15v. *L'Arcane de Flamel, Artephius, Pontanus,
Zachaire et autres.*
Trois pages sur le « Gluten mineral ».
F. lat. 9164. Vélin. Copie de 1421.
Testament de Nicolas Flamel (22 nov. 1416).
Avec deux pièces relatives aux fondations dudit Nicolas.
F. lat. 14013. Papier. XVIIe siècle. [Légué à la Bibliothè-
que de Saint-Germain-des-Prés en 1732 par Henri de Cam-
bout, duc de Coislin et évêque de Metz.]
ff. 40r-56v, *Via Flamelli sive Almasati.* Apocryphe.

Paris, Bibliothèque de l'Arsenal :

Ms. 2518. Papier. 1632. 88 ff.
Traités d'alchimie : *Le Livre des Figures.*
ff. 19-24v : « Le grand apertorial de la philosophie chimique, attribué à Christophorus Parisiensis, extrait du livre
à monsr. de Mayerne par moy Isac le Sueur, A.D. 1632 » ;
c'est l'ouvrage publié à Paris, en 1628, sous le titre : *Le
Grand Esclaircissement de la pierre philosophale* et attribué
à Nicolas Flamel.
Ms. 3012. Papier. XVIIIe siècle. 189 p.
Extraits de divers traités d'alchimie.
p. 150 : *Abrégé des Œuvres de Nicolas Flamel, tant de ces
[sic] figures hiéroglyfiques, que du desir desirée [sic], Et Sommaire du mesme auteur, Soy dissant.*
Ms. 3047. Papier. XVIIIe siècle.
Recueil de sept figures peintes : « *Figures peintes d'Abraham le Juif* ».]
Rubriques dérivées du *Livre des figures.*

Paris, Bibliothèque Mazarine :

Ms. 3680. Recueil de traités d'alchimie. Papier. XVIIᵉ siècle.
[6. Artephius, *Le Livre secret.*]
[7. Nicolas Flamel, *Sommaire philosophique* (vers 55-600, « Le dragon figuré sans aile » à « Quand telle besogne fera », avec omission des vers 175-240, 262-292, 325-400, 489-551) ; suivi de l'*Explication des Hyerogliphes* (non mentionnée dans le *Catalogue*) : Abrégé du *Livre* publié par « Arnauld ».]
[8. Jean de la Fontaine, *La Fontaine des amoureux de Science.*]
[9. Jean de Meung, *Remonstrance de Nature à l'alchymiste errant.*]
Ms. 3681. Papier. XVIᵉ et XVIIᵉ siècles.
[I (XVIᵉ siècle) :
f. 77v Sommaire du *Roman de la Rose.*
f. 86v Sommaire de *La Fontaine des amoureux de science.*]
II (XVIIᵉ siècle)
ff. 1r-20r Christophle le Parisien, grand philosophe, *De l'esprit du vin et de l'or [Le Grand Esclaircissement]*, daté du 7 juillet 1466.
ff. 27r-32r, version latine de même texte, *Magnum lapidis physicis Elucidarium*, daté du 24 février 1609.
[12. *Le Rosaire des philosophes*, par Arnauld de Villeneufve de tous les secretz, la tres grand et naturelle composition philosophique...]

Paris, Bibliothèque de Sainte-Geneviève :

Mss. 2263-2264. Papier. XVIIᵉ siècle. 2 vol. :
2263. ff. 90-99 : *De l'incineration de l'élixir blanc au rouge, le tout tiré d'un livre trouvé dans le cabinet de Nicolas Flamel...* 1403.
[Les six dernières sections du *Livre des Laveures.*]
2264. ff. 50-106v : *La Vraye practique de la noble science d'alchimie*, de Nicolas Flamel.
[*Le Livre des Laveures.*]

Paris, Bibliothèque interuniversitaire de Médecine :

[Ms. 5362 (513). Papier. XVIIIᵉ siècle.

pp. 10-12 : *Interprétation abrégée des estempes mistiques des livres du Triomphe hermétique, d'Abraham juif, et de Nicolas Flamel...*] Reproduction de la gravure d'« Arnould », avec les *Figures d'Abraham Juif* autour, et deux pages de notes. p. 11 : « Son livre des explications de ces figures ne fut imprimé qu'au mois de mars 1419. » *[sic]* !

Paris, Bibliothèque Interuniversitaire de Pharmacie :

Ms. 34. Papier. XVIIᵉ siècle.
Recueil de recettes et d'alchimie.
pp. 35-39 : *L'Œuvre de Nicolas Flamel, libraire à Paris, lequel fit plusieurs grands biens pour ceste science à ladicte ville.* « Premierement faut dissoudre en ceste maniere. Prenés sol ou lune et les mettés en tenues lamines, avec lesquelles metterés bonne quantité de vif argent... ». Apocryphe (voir Muséum national d'histoire naturelle, Ms. 359).

Paris, Bibliothèque du Muséum national d'histoire naturelle :

Ms. 359. Papier. XVIIIᵉ siècle.
« Recueil de Plusieurs Traités de la Philosophie Naturelle recherchés et ramassés par les soins de Msire. J. Vauquelin, sgnr. des Yveteaus. Tous manuscrits qui valent bien la peine de les lire avec application. » Copies et notes faites par Jean Vauquelin des Yveteaux (1651-1716).
pp. 239-240 (suivant le texte d'Almasatus) : « Nicolas Flamel de Paris trouva ce livre composé par Almasatus qui estoit au commencement d'un livre qu'il relioit [...] J'ay de Nicolas Flamel pauvre écrivain et libraire natif de Paris au coin de la rüe de Mariveau [...] ce livre cy dessus écrit. » *Vers de Nicolas Flamel.* Apocryphe.
pp. 241-242 : *L'Œuvre de Nicolas Flamel libraire, à Paris, lequel fit des biens à la ville.* Apocryphe (voir Bibliothèque interuniversitaire de Pharmacie, Ms. 34).
pp. 243-246 : *Secrets de Nicolas Flamel, notaire des Juifs, lorsqu'il estoit à Paris.* Apocryphe.

pp. 585-588 : *L'Œuvre de Nicolas Flamel sur Tr.* Apocryphe.

Londres, British Library

Sloane 1451. Papier. XVIIe siècle.

ff. 21r-22v *Notes out of Flamellus, Lib. Hierogliphikes.* [*Livre* abrégé en anglais.]

Sloane 2624. Papier. XVIIe siècle.

ff. 2r-9r *Summary of Philosophy.* [*Sommaire* en prose anglaise.]

Sloane 3461. Papier. XVIIe siècle.

ff. 110r-121v. *Sommaire philosophique.*

Sloane 3506. Papier. XVIIe siècle.

ff. 68r-71r. *The Summary of Nicolas Flammel's Philosophy.* [*Sommaire* en prose anglaise.]

Sloane 3637. Papier. XVIIe siècle.

f. 69v-70v. *Le Grand Esclaircissement...* quelques notes et extraits.

Sloane 3640. Papier. XVIIe siècle.

ff. 139r-152r. *The Treasure of Philosophy or the Original of the desireable Desire of Nicolas Flammel.* [*Désir désiré* en anglais.]

Sloane 3646. Papier. XVIIe siècle.

ff. 70r-75r. *An Account of Hieroglyphicall figures mentioned in Flammell...* [*Livre,* notes et extraits en anglais.]

Sloane 3764. Papier. XVIIe siècle.

ff. 24r-41v. *Nicholas Flammel his Exposition of the Hieroglyphical figures...* [*Livre* en anglais ; copie d'Orandus 1624.]

f. 53v « Of the colours, Flammel. »

Yale University Library

Collection Paul & Mary Mellon :
Ms. 100. Papier. c. 1750-1779 :

100.1 : « Nicolas Flamel. Alchemy in French with some Latin. » Le *Breviere,* illustré de 20 dessins au crayon et à l'aquarelle.

[Ms. 144. Papier. 1840.

    Recueil de textes alchimiques, copié par « Victor ».

    II, f. 1r on lit un titre, sans autre transcription : « Abraham le Juif dévoilé. Les figures hiéroglyphiques d'Abraham le Juif citées par Nicolas Flamel et Expliquées par un auteur anonyme. »]

Ms. 146. Vélin. c. 1900 (faux, dans le style du XVe siècle). 12 p.

Le Sommaire philosophique.

Paris, Archives nationales :

Carton S 3380, liasse 9.

    Testament de Nicolas Flamel, 22 novembre 1416. Le testament original, mal copié, sans signature de Flamel.

Particuliers ou perdus :

Ms. de la Richardière. XVIIe siècle « [...] de Flamel commençant ainsi : Je te veux premièrement... » [Poisson (1893), p. 45].

    Ms. F. de Gerzan. XVIIe siècle. « Un autre manuscrit de Flamel... » [Poisson (1893), p. 45].

    Mss. de Jean Vauquelin des Yveteaux (voir Flamand, p. 16, n. 15).

    Ms. Vigot, *Figures d'Abraham le Juif* [voir Poisson (1893), p. 123.]

    Ms. S. de Guaïta, *Figures d'Abraham le Juif* [voir Poisson (1893), p. 124.]

    Ms. « du XVIIIe siècle » *Commentaires sur le Livre d'Abraham le Juif* [voir Poisson (1893), p. 125.]

2) Contenant des NOTICES signées FLAMEL N :

Paris, Bibliothèque nationale :

F. fr. 159. Vélin. XIVe siècle. 2 vol.

    Pierre le Mangeur, *La Bible hystoriaulx*, traduit par Guiart des Moulins.

F. fr. 263. Vélin. XIVe siècle.

Titius-Livius, trad. Pierre Bersuire.

F. fr. 380. Vélin. XIVe siècle.

Roman de la Rose.

F. fr. 598. Vélin. XVe siècle.

Boccace, *Livre des Femmes nobles et renommées,* trad. franç.

F. fr. 1023. Vélin. XIVe siècle.

Jacques le Grand, *Livre des bonnes mœurs.*

F. fr. 2641. Vélin. 1401. Inachevé.

Froissart, *Chroniques.*

F. fr. 2810. Vélin. XIVe siècle.

Marco Polo, *Le Livre de Marc Paule des Merveilles d'Asie le Grand et d'Inde la Majour et la Mineur,* etc.

F. fr. 6446. Vélin. XIVe siècle. 414 ff.

Fl. Josephe, *Antiquitez des Juifs,* trad. franç.

F. fr. 9221. Vélin. XIVe siècle. 5 + 238 ff.

Guillaume de Machaut, *Œuvres.*

F. fr. 13091. Vélin. XIVe siècle.

Psautier latin-françois.

Nouv. acq. fr. 3431. Vélin. XIVe siècle.

Deux feuillets d'une demi-Bible, en français.

F. lat. 248 (1) et 248 (2). Vélin. 1403. 2 vol.

Bible de Philippe le Bel.

F. lat. 919. Vélin. 1409.

Grandes Heures du duc de Berry.

F. lat. 10426. Vélin. XIIIe siècle.

Bible « de saint Louis ».

F. lat. 10483-4. Vélin. XIVe siècle. 2 vol.

Bréviaire à l'usage des Frères Prêcheurs, connu sous le nom de Belleville.

F. fr. 3640. Pièce originale 384.

Quittance Jean Flamel, 25 juin 1401.

Chantilly, Musée Condé :

Ms. 757. *La Seconde Décade de Tite-Live,* traduit en français par Pierre Bersuire.

Bourges, Bibliothèque municipale :

Ms. 335. *Le Catholicon* de J. Balbi.

Archives départementales du Cher :

Fonds 8 G : chapitre de la Sainte-Chapelle, titre scellé 193. XVᵉ siècle.
Lettres d'établissement de la Sainte-Chapelle de Bourges, f. 1 « de la main de Jean Flamel » (A. Hiver de Beauvoir, *La librairie de Jean duc de Berry*, 54).

Rome, « Bibliothèque du cardinal Bagny » :

« [...] un *Roman de la Rose* écrit de la main d'un nommé Nicolas Flamel. » [Note de M. Licotte, Sr. du Tillot, suite à un autre manuscrit du *Roman de la Rose*, Montpellier, Faculté de Médecine, Ms. 245.]

Londres, British Library :

Ms. Harley 4381-4382. *La Bible hystoriaulx.*
Burney 275. *Prisciani Cæsariensis Commentariorum Grammaticorum*, etc.

Baltimore, Walters Art Gallery :

Ms 74 (W. 125-126). Guiart des Moulins, *Bible Historiale.* 2 vol. [*olim* Ashburnham/Yates-Thompson.]

3) Autres Sources :

Paris, Bibliothèque nationale :

F. fr. 8216-8240. *Tombeaux des personnes illustres...* Papier. XVIIIᵉ siècle.
F. fr. 8217 & 8219 contiennent *L'Épitaphe* de Flamel.
F. fr. 12298-12299. Papier. XVIIᵉ siècle (1626-1665).
La Clef du secret des secrets.
Traités alchimiques des « Seigneurs de Grosparmy, de Vallois avec le Sr. Nicolas Vicot chapelain. »

F. fr. 14789. Papier. XVIIIe siècle. 213 p.

*La Clef des secrets de philosophie [...] par Me Pierre Vicot,
prêtre, serviteur domestique de Nicolas de Grosparmy, comte
de Flers, et de Noel le Vallois, gentilhomme compagnon de
Grosparmy.*

F. fr. 18501.

F. 132r. Lettre de Charles VI sur les ouvrages des orfèvres de Paris (11 juillet 1379).

F. fr. 32340. Papier. XVIIe siècle. 3 vol.

Recueil de sépultures...
L'Épitaphe de Flamel.

F. lat. 14012. *L'Exposition de l'Épitaphe de Nicolas Flamel
au Cymetière des Innocents* (1596-1601).

Paris, Bibliothèque historique de la Ville de Paris :

Ms. 1228 (Épitaphier).

Mss. 1772-1773 *Papiers de Nicolas Flamel :*

1772 (anc. Musée Carnavalet, Ms. C.P. 5839). Abbé Villain, *Histoire critique de Nicolas Flamel et de Pernelle sa
femme* (1761). Texte original autographe.

1773 (anc. Musée Carnavalet, Ms. C.P. 5840). Notes et
Extraits copiés par l'abbé Villain pour son *Histoire de Nicolas Flamel... : Testament* de Nicolas Flamel ; *Lettre à M.
XXX sur celle que D. Pernety [...] a fait insérer dans une
des feuilles de M. Fréron de cette année 1762 ; Extraicts des
injures les plus marquées qui se trouvent dans l'ouvrage intitulé « Flamel » vengé* (1762), etc.

Paris, Archives nationales :

Carton S 1379 [Titres de cens et rentes à Paris] : plusieurs
documents concernant la construction de la maison de la rue
Montmorency par Nicolas Flamel.

Cartons S 3380-3383 [Archives de Saint-Jacques-de-la-
Boucherie] : surtout S 3380, liasse 9 [divers legs faits à la fabrique (1397-1550) ; 10 pièces... surtout de Nicolas Flamel].

Testament original du 22 novembre 1416 ; *Contrat passé
entre Nicolas Flamel et les exécuteurs du testament de Pernelle
sa femme* du 29 janvier 1397 ; autres actes et contrats.

Cartons KK 1014 (B), 1014 (C), 1348 : Archives de la Confrérie Sainte-Anne des orfèvres en la cathédrale.

Cartons T 1490 (1-259) : Archives de la Corporation des orfèvres de Paris.

Cartons KK 1336 et 1337 : *Le Livre des métiers* d'Étienne Boileau.

Paris, Archives historiques des Quinze-Vingts :

Série A. Carton 25. Pièces 1461-1470.
Documents concernant le legs Flamel.

Paris, Bibliothèque de l'Institut :

Collection Godefroy, Ms. 541 f. 264, *Lettre de Monsr. Du Puitz sur l'explication de la figure de Flamel.*

Reims, Bibliothèque municipale :

Ms. 1559.
F. 39v. Statuts des orfèvres de Paris touchant la matière employée à faire de l'argent (XVe siècle).

Londres, British Library

Add. 17909. Papier. XVIIIe siècle.
Abbé Villain, *Histoire critique...* [texte autographe.]
Add. 17910. Papier. XVIIIe siècle.
Recueil de figures peintes [y compris les « Figures peintes d'Abraham le Juif» et la deuxième Arcade de Flamel en couleurs, d'après la gravure d'Arnould (ff. 13v-14r).]

Estampes :

Paris, Bibliothèque nationale, Cabinet des Estampes :

Estampes n° 2. Nicolas Flamel « de la collection de Frederic Roth Scholtz à Nurenburg », fin XVIe siècle. Gravure copiée par Balthazar Montcornet, milieu XVIIIe siècle.

Rés. Pe 11 b Gaignières (Épitaphier).

Topographie Va. 245.a (3e arrondissement, 12e quartier) : façade de la maison Flamel, 51, rue de Montmorency.

Collection Destailleur Ve 53e : dessins de l'architecte Bernier (1786) avant la démolition du cimetière des Innocents.

LISTE DES ILLUSTRATIONS

Le Testament de Nicolas Flamel (Fin) (B.N., f. lat.9164).

L'écrivain. De la *Dance Macabre* (1485).

Ex-Libris signé FLAMEL N. [Paris, B.N., f. lat.248 (1)].

Ex-Libris signé FLAMEL N. (Paris, B.N., f. fr.159).

Ex-Libris signé FLAMEL N. (Chantilly, Musée Condé, Ms. 757).

Signature d'un secrétaire du duc de Berry : Arnault N. (Archives départementales du Cher).

Le Breviere (Yale University Library, Mellon Ms. 100).

Scala Philosophorum, p. 145 de l'*Auriferae Artis* (1572).

Arnauld de la Chevalerie, *Livre des Figures hiéroglyphiques* (1612). Gravure illustrant la deuxième Arcade de Nicolas Flamel au cimetière des Innocents, mais avec inversion des Saints Pierre et Paul, ainsi que des bas-reliefs.

Arnauld de la Chevalerie, *Trois Traictez*. Édition de 1612 (i).

Le comte de Bombast, *La Prophetie* (1610).

La Mort et le Bourgeois. De la *Dance Macabre* (1485).

Le Faiseur d'or : Les Aventures de Spirou et Fantasio (1970).

TABLE DES MATIÈRES

Achevé d'imprimer par Corlet, Imprimeur, S.A.
14110 Condé-sur-Noireau (France)
N° d'Imprimeur : 7856 - Dépôt légal : avril 1993

Imprimé en C.E.E.